판례의 논리

김창석

박영사

머 리 말

　대법원에서 일하는 동안 관여하였던 판결 중 중요한 주제를 담고 있으면서도 더욱 근본적인 검토의 여지가 있다고 생각되는 사안이 여럿 있었다. 시간이 주어진다면 여유를 가지고 생각을 가다듬어 보았으면 하는 아쉬움이 남았다. 그리고 대법원에 들어가기 전이나 대법원에서 나온 후에 선고된 판결 가운데에도 관심을 불러일으키는 사안이 있었다.

　다행히도 고려대학교 법학전문대학원에서 강의와 연구를 할 수 있는 행운이 따랐다. 그리하여 이 책이 태어날 수 있었다. 3년 동안의 강의와 연구를 마무리하면서 그 흔적으로 남게 된 것이다. 이 책에 담긴 내용은 법학전문대학원 학생들과 대학원 석·박사 과정 학생들에게 한 강의내용이기도 하다. 강의 과정에서 생각이 바뀐 부분도 있다. 앞으로도 생각이 바뀌지 않는다고 확신할 수는 없다. 학생들의 좋은 질문이 적지 않게 새로운 성찰의 계기가 되었음도 밝혀두고 싶다.

　논쟁적이면서 중요한 판례들에 관하여 이 책에서 밝힌 법 해석의 관점에 어떤 의미가 부여될 수 있는지는 오로지 독자의 몫이다. 어떤 판례에 관하여는 긍정적인 태도를 유지하면서 개인적인 관점에서 재해석하기도 하였고, 어떤 판례에 관하여는 비판적인 관점에서 해석하기도 하였다. 판례의 논리를 이해하는 데 도움이 되기를 기대하여 본다. 아울러 장래의 법 해석에 대한 전망에 다소나마 도움이 되었으면 좋겠다.

요즈음 법은 문화적 진화의 산물이라는 생각을 많이 한다. 생명이 진화의 산물이라고 하더라도, 생명현상에는 오묘하고 정교한 원리가 지배하고 있는 것으로 보인다. 법도 마찬가지이다. 생명과학이 그러한 원리를 밝혀내고자 한다면, 법학도 그러하여야 할 것이다. 판례의 논리 또한, 그렇게 될 때 오랜 생명력을 가질 것이다.

마지막으로, 연구와 강의의 기회를 준 고려대학교 법학전문대학원, 이 책의 출판을 맡아 준 박영사, 그리고 편집과 교정의 수고를 하여준 편집부 이승현 씨에게 감사의 말씀을 드린다.

2021. 8. 1.

김 창 석

차　례

제 1 편　사　　법

제 2 편　형　　법

제 3 편   공   법

제 1 편

사법

제1장 이행불능 법리의 한계

1. 들어가면서

(1) 임대차 목적물인 건물 부분(이하 '임차 건물 부분'이라 한다)에서 화재가 발생하여 임대인 소유인 다른 건물 부분(이하 '임차 외 건물 부분'이라 한다)까지 소훼시킨 사안을 다룬 대법원 2017. 5. 18. 선고 2012다86895(본소), 2012다86901(반소) 전원합의체 판결은 여전히 검토가 필요한 사안이다. 판결선고 당시, 제시된 의견 가운데 상대적으로 다수의견이 가장 바람직스럽다고 생각하였다. 이 점은 현재도 마찬가지이다. 그러나 그 당시에도 임차 건물 부분과 임차 외 건물 부분에 관한 법리가 나뉘고 그에 따라 결론이 달라질 수 있다는 점에 관하여는 개운치 않다는 느낌을 떨쳐버릴 수 없었다. 임차 건물 부분에 관하여도 임차 외 건물 부분에 관한 법리가 그대로 적용되어야 하고 같은 결론이 내려져야 하는 것이어야 한다는 느낌이 있었다. 그런데도 그러한 생각을 주장하여 관철하거나 의견을 명확하게 표시하지 못한 데에는 나름대로 이유가 있었다. 적어도 임차 건물 부분에 관하여는 이행불능의 법리가 적용되어야 한다는 전제를 극복하는 논리를 완결되게 구성

할 수 없었다는 것이 첫째 이유이고, 우선 임차 외 건물 부분에 관한 부당한 결론을 바로잡는 것만도 상당한 의미가 있으며 임차 건물 부분에 관한 법리는 장래의 과제로 남겨두는 것도 차선(次善)은 될 수 있다는 것이 둘째 이유이다. 이제 대법원에서 나온 후 강의를 하면서 정리된 숙고의 결과를 밝히고자 한다.

(2) 전원합의체 판결 사안의 사실관계는 다음과 같다. 임차 건물 부분은 두 개의 층과 옥상 부분으로 이루어진 건물 중 1층 150평 부분이다. 그런데 화재 발생 이후 국립과학수사연구소가 소방관 현장조사 및 자체 현장조사, 수사자료, 목격자 진술, 화재 발생 당시의 현장과 그 주변이 촬영된 휴대전화 및 동영상을 종합하여 화재가 발생한 지점이 '1층 전면 주출입구 내부 우측 부분'이라고 판정하였다. 그러나 방화 가능성 및 전기적·기계적 요인과 인위적 요인(담뱃불이나 그 불티 등)을 비롯하여 모든 발화원인을 조사하였음에도, 구체적으로 어떠한 원인에 의하여 화재가 발생하였는지 밝혀지지 않았다.

(3) 이러한 사안에 관한 종래의 법리는 다음과 같다. 임차인은 임대차 목적물을 반환할 의무를 부담한다. 화재로 인하여 임차 건물 부분을 반환할 의무를 이행할 수 없으면 이행불능이 성립되고, 임차인이 고의나 과실이 없음을 증명하지 못하는 한 손해배상책임을 부담한다. 임차 외 건물 부분에까지 손해가 발생하였고, 그 부분이 임차 건물 부분과 구조상 불가분의 일체를 이루는 관계에 있다면 그 부분에 관한 손해배상책임도 부담한다.

종래의 법리에 따르면, 이 사안에서 임차인의 임차 건물 부분이 소훼되어 그 반환의무는 이행불능이 되고 구조상 불가분의 일체를 이루는 임대인 소유인 1층의 나머지 부분, 2층 및 옥상 부분까지 소훼되었으므로, 임차인이 고의나 과실이 없음을 증명하지 못하는 한 임차인은 임차 건물 부분뿐만 아니라 임차 외 건물 부분이 소훼되어 임대인이 입게 된 손해 전부를 배상할 의무가 있다.

(4) 위 전원합의체 판결이 선언한 새로운 법리의 요지는 다음과 같다.

① 임대차 목적물이 화재 등으로 인하여 소멸됨으로써 임차인의 목적물 반환의무가 이행불능이 된 경우에, 임차인은 그 이행불능이 자기가 책임질 수 없는 사유로 인한 것이라는 증명을 다하지 못하면 그 목적물 반환의무의 이행불능으로 인한 손해를 배상할 책임을 지며, 그 화재 등의 구체적인 발생 원인이 밝혀지지 아니한 때에도 마찬가지이다. 이러한 법리는 임대차 종료 당시 임대차 목적물 반환의무가 이행불능 상태는 아니지만 반환된 임차 건물이 화재로 인하여 훼손되었음을 이유로 손해배상을 구하는 경우에도 동일하게 적용된다.

② 임차인이 임대인 소유 건물의 일부를 임차하여 사용·수익하던 중 임차 건물 부분에서 화재가 발생하여 임차 외 건물 부분까지 불에 타 그로 인해 임대인에게 재산상 손해가 발생한 경우에, 임차인이 보존·관리의무를 위반하여 화재가 발생한 원인을 제공하는 등 화재 발생과 관련된 임차인의 계약상 의무 위반이 있었음이 증명되고, 그러한 의무위반과 임차 외 건물 부분의 손해 사이에 상당인과관계가 있으며, 임차 외 건물 부분의 손해가 그러한 의무위반에 따른 통상의 손해에 해당하거나, 임차인이

그 사정을 알았거나 알 수 있었을 특별한 사정으로 인한 손해에 해당한다고 볼 수 있는 경우라면, 임차인은 임차 외 건물 부분의 손해에 대해서도 민법 제390조, 제393조에 따라 임대인에게 손해배상책임을 부담한다.

　　새로운 법리는 임차 건물 부분에 관하여는 이행불능을 전제로 하는 종래의 법리를 유지하였다. 그러나 임차 외 건물 부분에 관하여는 이행불능의 법리가 적용되지 않고 그 손해의 원인이 되는 임차인의 보존·관리의무 위반의 점이 따로 증명되어야만 채무불이행을 원인으로 한 손해배상 의무가 인정된다고 본 것이다.

2. 새로운 법리가 모색된 이유는 무엇인가?

　　(1) 임차 외 건물 부분이 임대인 소유가 아니었고 제3자의 소유였다면 어떤가? 그 제3자는 임차인과 아무런 계약관계가 없으므로 채무불이행책임을 물을 수는 없다. 불법행위책임을 물을 수 있을 뿐이다. 그 경우 화재가 임차인의 보존·관리의무 위반에서 발생한 것이라고 하는 사실을 주장, 증명하여야 손해배상을 받을 수 있다. 반면에, 임차 외 건물 부분이 임대인 소유라면 임차인의 보존·관리의무 위반을 주장, 증명할 필요가 없다. 임대차 목적물인 임차 건물 부분에 관하여 그 반환의무를 이행할 수 없으므로 이행불능의 법리에 따라 임차인이 고의나 과실이 없음을 증명하지 못하는 한 손해배상을 받을 수 있고, 임차 외 건물 부분이 임차 건물 부분과 구조상 불가분의 일체를 이루는 관계에 있다면 그 부분에 관한 손해배상도 받을 수 있다고 보기 때문이다.

　　손해배상을 받기 위해서 제3자는 임대차 목적물의 구조나 사용, 수익 관계를 잘 모르는데도 임차인의 보존·관리의무 위반의 점을 증명하여야 하지만, 제3자보다 그 구조나 사용, 수익 관계를 훨씬 잘 알 수 있는 임대인은 이 점을 증명할 필요가 없다고 본다. 게다가 임대인은 임대차 목적물을 임대차계약 존속 중에 그 사용, 수익에 필요한 상태로 유지할 의무를 부담하며(민법 제623조), 이러한 임대인의 의무위반에서 화재가 야기된 것일 수도 있다. 반면에, 제3자는 그러한 화재 원인을 제공할 여지도 없다. 비록 손해배상 청구의 원인이 불법행위와 채무불이행으로 다르다고 하더라도, 전혀 균형이 맞지 않는다는 느낌을 떨쳐버릴 수 없다. 이 점이 개인적으로 다수의견에 가담한 결정적인 동기가 되었다.

　　(2) 나아가 화재의 원인이 밝혀지지 않은 경우, 그 화재에 책임이 있는 자가 제3자일 수도 있고, 임대인일 수도 있다. 설사 임차인의 지배관리 영역에서 발생하였다고 하더라도, 임차인의 의무위반이 없을 수도 있다. 그런데도 임대인이 임차인의 채무불이행을 원인으로 손해배상을 청구하는 경우, 이행불능의 법리를 적용하여 임대인은 임차인이 화재로 임대차 목적물을 반환할 수 없게 되었다는 사실을 증명하면 충분하고, 임차인이 그 보존·관리의무를 위반하였다는 점을 주장, 증명할 필요가 없으며, 임차인은 화재에 고의, 과실이 없음을 증명하지 못하면 채무불이행책임을 부담하는 것이 사안의 실질에 어울리게 공평한가 하는 근본적인 의문도 있었다.

　　만약 임대인이 임대차계약을 체결하지 않고 스스로 사용, 수익하던 중 화재가 발생하였다면 원인 불명의 손해에 관한 책임을 타인에게 전가할 수 없고 자신이 감수하여야 한다. 그런데 임대차계약을 체결하였다는 사정으로 이행불능 법리의 적용에 따라 임차인에게 원인 불명의 손해에 관한 책임을 전가할 수 있게 된다. 원인 불명 화재로 인한 책임의 전가 현상은 임차 건물 부분에서만이 아니라 임대인 소유인 임차 외 건물 부분에까지 확장된다. 이러한 결과를 임대차계약이 체결됨으로써 임대차 목적물에 관한 위험부담이 임대인으로부터 임차인에게 이전되었다는 논리로 온전하게 정당화될 수 있는지 하는 의문이 생기는 것도 당연하다. 민법 제652조는 임대차에 관한 강행규정에 위반하는 약정으로 임차인에게 불리한 것은 효력이 없다고 규정하고 있다. 입법자는 임차인을 보호하기 위하여 이러한 임차인 보호 규정까지 마련하였음에도, 잘못된 해석으로 임차인 보호의 취지에 역행하는 결과를 야기한 것이 아닌지 하는 우려도 보태어진다.

3. 임차 외 건물 부분의 손해를 손해배상 범위의 문제로 해석하기 위한 전제조건은 무엇인가?

(1) 설사 임차 건물 부분에 관하여 이행불능의 법리를 적용하여 임차인의 손해배상책임을 긍정하는 것이 옳다고 하더라도, 나아가 임차 외 건물 부분에 발생한 손해를 손해배상 범위의 문제로 보아 확장된 손해로서 책임을 부담하도록 하는 것은 옳지 않다. 임차 건물 부분은 임대차 목적물이므로 이행불능이 성립할 수 있다. 그러나 임차 외 건물 부분은 임대차 목적물이 아니므로

이행불능이 성립할 수 없다. 그런데도 임차 외 건물 부분에 발생한 손해를 임차 건물 부분에 발생한 손해의 확장된 손해로 인정한다면, 임차 외 건물 부분에 발생한 손해의 원인을 임차 건물 부분에 발생한 손해의 원인과 같은 것으로 보는 것이다. 즉 임대차 목적물인 임차 건물 부분 반환의무의 위반(이행불능)을 손해의 원인이라고 보는 것이다. 채무불이행으로 인한 손해배상책임이 성립하기 위해서는 객관적 요건으로 계약상 의무위반(채무불이행), 손해 발생, 둘 사이의 상당인과관계가 있어야 한다. 임차 건물 부분을 반환할 수 없다는 사실(이행불능)이 임차 외 건물 부분에 발생한 손해의 원인이라고 할 수는 없다. 둘 사이에는 상당인과관계가 없다. 화재로 인하여 임차 건물 부분과 임차 외 건물 부분에 발생한 손해가 같은 계약상 의무위반에서 야기된 것이라고 할 수 있을 때, 임차 외 건물 부분에 발생한 손해를 임차 건물 부분에 발생한 손해의 확장된 손해로 해석할 수 있다. 다시 말하여, 계약 목적물이 아닌 다른 물건에 발생한 손해가 계약 목적물에 발생한 손해와 같은 계약상 의무위반에서 야기된 것이라고 할 수 있을 때, 계약위반(채무불이행)에 따른 확장된 손해로 보아 손해배상 범위의 문제로 다룰 수 있다. 예컨대, 병든 병아리를 판매하여 매수인의 다른 병아리까지 감염되어 죽은 경우, 매수인의 다른 병아리에 발생한 손해는 매수한 병아리에 발생한 손해의 확장된 손해라고 할 수 있다. 병든 병아리를 판매하였다는 계약상 의무위반이 판매한 병아리뿐만 아니라 매수인의 다른 병아리에 발생한 손해의 원인인 의무위반이 되기 때문이다.

  (2) 임차 건물 부분에 발생한 손해의 원인인 의무위반과 임

차 외 건물 부분에서 발생한 손해의 원인인 의무위반이 별개의 것이라고 한다면, 별개의 의무위반 내용이 각각 증명되어야 한다. 임차 건물 부분에 발생한 손해의 원인을 임대차 목적물 반환의무의 위반이라는 이행불능이라고 본다면, 임대인은 그 반환의무의 불이행을 주장, 증명하면 충분하고, 그 보존·관리의무의 위반을 증명할 필요는 없다. 반면에, 임차 외 건물 부분에 발생한 손해의 원인은 임대차 목적물 보존·관리의무 위반일 수밖에 없다. 임대차 목적물 반환의무의 불이행은 아무런 관계가 없다. 따라서 임차 건물 부분에 관한 손해배상 청구의 요건으로 임대차 목적물 반환의무의 불이행이 증명된다고 하더라도, 그것만으로 임차 외 건물 부분에 관한 손해배상 청구의 요건이 증명되었다고 볼 수는 없다. 임대차 목적물 보존·관리의무 위반의 사실이 따로 증명되어야 한다. 그러한 증명이 없음에도 임차 건물 부분 반환의무의 불이행이 있으면 이행불능이 성립하고 그 책임은 임차 외 건물 부분에까지 확장된다고 해석하면, 임차인은 임차 외 건물 부분에 관하여 책임을 져야 할 의무위반의 내용이 밝혀지지 아니하였음에도 채무불이행책임을 부담한다는 결과가 된다. 이러한 잘못을 바로잡기 위한 취지에서 나온 판단이 위 전원합의체 판결이 선언한 새로운 법리이다.

4. 임차 건물 부분에 관하여 이행불능의 법리를 적용한 것이 타당한가?

(1) 채무불이행을 원인으로 한 손해배상 책임의 구조는 불법

행위를 원인으로 한 손해배상 책임의 구조와 유사하다. 불법행위를 원인으로 한 손해배상을 청구하기 위해서는 청구권자가 객관적 요건으로서 손해의 발생, 위법한 행위, 둘 사이의 상당인과관계라는 요건과 주관적 요건으로서 행위자의 고의, 과실이라는 요건을 주장, 증명하여야 한다. 채무불이행을 원인으로 한 손해배상을 청구하기 위한 요건으로는 손해의 발생, 계약상 의무위반, 둘 사이의 상당인과관계라는 객관적 요건과 채무자의 고의, 과실이라는 주관적 요건이 필요하다. 다만, 불법행위에서는 타인의 법익을 침해하지 말아야 할 일반적인 의무위반이 위법한 행위로서 손해배상 책임의 원인이 된다면, 채무불이행에서는 계약상 의무위반이 위법한 행위로서 손해배상 책임의 원인이 된다. 의무위반의 내용이 계약관계에서 비롯된 계약상 의무위반으로 좁혀진다는 차이를 갖는다. 그리고 고의, 과실에 관한 증명책임이 불법행위에서는 객관적 요건에 관한 증명책임과 마찬가지로 청구권자가 부담하지만, 채무불이행에서는 상대방인 채무자가 부담한다는 차이를 갖는다.

결국, 채무불이행을 원인으로 한 손해배상을 청구하기 위해서는 손해의 발생, 계약상 의무위반, 둘 사이의 상당인과관계라는 객관적 요건을 손해배상 청구권자인 원고가 증명하여야 한다. 새로운 법리는 임차 외 건물 부분에 관하여는 이러한 원칙을 그대로 적용하여 화재로 인하여 임차 외 건물 부분이 멸실되거나 훼손되어 입게 된 손해(손해의 발생), 그 손해의 원인인 임차 건물 부분에 관한 보존·관리의무의 위반(계약상 의무위반), 둘 사이의 상당인과관계가 인정되어야 한다고 본 것이다. 반면에, 임차 건물 부분에 관하여는 임대차 목적물 반환의무의 이행불능이 인정되는 이상 임차인의 계약상 의무위반이 인정되고, 임차 건물 부분이 멸실되거나 훼손되어 입게 된 손해는 그로 인하여 생겨난 손해로서 이행불능과 상당인과관계에 있다고 본 것이다.

(2) 그런데 곰곰이 생각하여 보면 임차 건물 부분에 관한 이러한 논리의 타당성에 관하여 강한 의문이 생겨난다. 임대차 관계 종료 시에 부담하는 원상회복 의무인 임대차 목적물 반환의무의 이행불능이 임차 건물 부분이 멸실되거나 훼손되어 입게 된 손해의 원인이 되는 올바른 계약상 의무위반이 될 수 있는지 의심이 들기 때문이다. 불법행위를 원인으로 한 손해배상책임에서든 채무불이행을 원인으로 한 손해배상책임에서든, 손해와 그 원인인 의무위반 사이에 상당인과관계가 있다고 하기 위해서는, 그 손해가 어떤 의무위반으로 야기된 것이라는 실질적 관계가 성립될 수 있어야 한다. 임대차 계약관계가 존속하는 중에 발생한 화재로 임차인의 임대인에 대한 임대차 목적물 반환의무가 이행불능 상태에 놓인 경우는, 그 이행불능이 반드시 임차인의 의무위반에서 비롯된 것이라고 단정할 수 없다. 이행불능 상태가 임대인이나 제3자의 행위에서 비롯되었을 수 있기 때문이다. 화재로 발생한 손해가 임차인의 의무위반으로 평가되는 이행불능으로 야기된 것이라는 실질적인 관계가 성립되지 않는다면 이행불능의 법리를 적용하여서는 아니 된다. 그럼에도 임차 건물 부분에 관하여 그 반환의무의 불이행(이행불능)이 임차인의 '계약상 의무위반(채무불이행)'에 해당함을 전제로 손해배상의 법리를 구성하면, 손해를 야기한 원인인 의무위반을 도외시하고, 그 원인이 될

수 없는 의무위반을 근거로 손해배상책임을 인정하는 것이다. 손해 발생의 원인이 되는 진정한 계약상 의무위반에 관한 증명이 없음에도 그 손해에 관하여 채무불이행책임을 부담시키는 결과가 된다. 타당하지 않은 결론이 도출되고, 책임의 왜곡이 생겨난다. 오히려 그 이행불능이 임대인이나 제3자가 아니라 채무자인 임차인의 의무위반에서 비롯된 것이라는 점을 채권자인 임대인이 증명하여야 할 필요성이 존재하는 것이다. 결국, 화재로 인하여 임대차 목적물이 멸실되거나 훼손된 경우 임대인이 임차인의 채무불이행을 원인으로 손해배상을 청구하기 위해서는 그러한 결과를 야기한 실질적 원인인 임차인의 임대차 목적물 보존·관리의무 위반의 사실이 주장, 증명되어야 한다. 이 점이 증명될 때 임대차 목적물의 멸실이나 훼손이라는 손해가 임차인의 계약상 의무위반에서 비롯된 것으로 평가할 수 있기 때문이다. 단순히 원상회복 의무인 임대차 목적물 반환의무가 이행불능의 상태에 있다는 사실만으로는 부족하다. 이러한 결론은 임차 외 건물 부분에 관하여 확립한 새로운 법리와 일치하는 것이다.

이행불능이 있으면 곧바로 채권자에게 발생한 손해의 원인이 되는 '채무자'의 의무위반이 있는 것이라고 평가할 수 있을 때, 비로소 이행불능 법리는 적용될 수 있다. 임대차계약을 체결한 다음 임대인이 화재로 인하여 임차인에게 임대차 목적물을 인도할 수 없게 되면 이행불능이 성립한다. 이 경우 임대차 목적물 인도 의무의 이행불능을 원인으로 하여 임대인의 손해배상책임을 인정하는 것은 별다른 문제를 야기하지 않는다. 임차인에게 발생한 손해는 계약에 따라 임대차 목적물을 인도받아 사용, 수익할 수 없다는 것이다. 임대인이 임대차 목적물을 인도할 수 없다는 사실(이행불능)은 임차인이 임대차 목적물을 사용, 수익할 수 없다는 손해의 원인이 되는 실질적 관계에 있다. 따라서 임대인의 이행불능이라는 의무위반(채무불이행)과 임차인의 사용, 수익의 불능이라는 손해 사이에 상당인과관계가 있다. 임대차계약 체결에 따라 임차인이 임대차 목적물을 인도받아 사용, 수익할 수 있도록 해 줄 의무를 부담하는 자는 오직 임대인만이다. 임차인이나 제3자는 아니다. 그러므로 임대인의 임대차 목적물 인도 의무의 이행불능은 임차인의 임대차계약에 따른 사용, 수익의 불능이라는 손해의 원인이 된다. 채무불이행 유형으로서의 이행불능 법리는 이러한 국면에서 타당성을 갖는다. 이렇게 이행불능의 원인이 채권자가 아니라 채무자에게 있다고 평가할 수 있을 때, 채무자의 고의, 과실이 없다는 점을 채무자가 증명하지 못하는 한 채무불이행책임에서 벗어날 수 없다고 하는 이행불능의 법리가 적용되어야 한다.

이행불능은, 채무불이행으로 인한 손해배상책임을 규정한 일반조항인 민법 제390조가 규정한 "채무자가 채무의 내용에 좇은 이행을 하지 아니한 때(채무불이행)"의 전형적인 사례로 볼 수 있는 하부유형이다. 계약을 체결하였음에도 계약에 따른 급부를 제공할 수 없으면 당연히 채무자가 채무의 내용에 좇은 이행을 하지 아니한 것으로 인정되고, 그러한 채무불이행으로 인하여 채권자는 급부를 제공받지 못하는 손해를 입는다는 실질적인 관계가 성립한다. 따라서 이행불능의 법리를 적용하여 도출된 결과와 '의무위반(채무불이행), 손해 발생, 둘 사이의 상당인과관계'라는

요건을 적용하여 도출된 결과가 다를 수 없다. 따라서 굳이 이행
불능의 법리를 적용하지 않더라도 '의무위반'이라는 포괄적인 요
건을 통하여 채무불이행 문제를 일반적으로 해결할 수 있다고 주
장되는 것이다.

　(3) 채무불이행을 이행불능, 이행지체 등의 유형으로 구분하
여 입법을 하고 그에 따른 법리를 전개하는 것은 독일 민법의 고
유한 특색이었다. 이러한 입법이 그다지 현명한 것이 아니라는
비판이 꾸준히 제기되어 왔다. 유럽 계약법 등의 영향을 받아 독
일 민법은 그러한 비판을 긍정적으로 수용하였다. 독일 민법 제
280조 제1항은 "채무자가 채권관계상의 의무를 위반하는 경우에
는 채권자는 그로 인하여 발생한 손해의 배상을 청구할 수 있다.
채무자가 그 의무위반에 대하여 책임 없는 경우에는 그러하지 아
니하다."라고 규정한 것이다. 동시에 이행불능이라는 채무불이행
의 유형을 폐기하였다. 이 규정에 따르면 채무불이행을 원인으로
한 손해배상 청구의 객관적 요건은 '의무위반(채무불이행), 손해
발생, 둘 사이의 상당인과관계'라고 보아야 할 것이다. 따라서 임
차인의 임대차 목적물 보존·관리의무 위반의 점이 증명되어야
임대인은 화재로 인한 손해배상책임을 물을 수 있을 것이다.

　주목하여야 할 점은, 이와 같은 개정 전에도 임대차 존속 중
화재로 인한 임차인의 임대인에 대한 손해배상책임을 판단하는
경우, 이행불능의 법리를 적용하지 않았다는 점이다. 화재의 원
인이 밝혀지지 않은 때 임대인이 임차인에 대하여 손해배상책임
을 묻기 위해서는, 임대차계약에 따른 임대차 목적물의 사용을
통하여 손해가 발생하였으며 그 손해의 원인이 오로지 임차인의

위험영역 내에 있음이 밝혀지거나, 임대차 목적물의 사용 영역 밖에 놓인 원인이 전적으로 배제된다는 점을 임대인이 증명하여야 한다는 것이, 독일 판례의 입장이었다(BGH, Urteil vom 18. 05. 1994 - XII ZR 188/92). 이는 임대인이 임차인의 임대차 목적물 보존·관리의무 위반이 있었음을 증명할 책임이 있음을 전제로, 그 증명의 내용을 구체적으로 밝히고 있는 것이다.

5. 임차 외 건물 부분에 관하여 채무불이행책임이 부정되어야 하는가?

　(1) 채무불이행책임은 임대차계약 목적물인 임차 건물 부분에 관하여서만 성립할 수 있고 그 목적물이 아닌 임차 외 건물 부분에 관하여 성립할 수 없다는 논리는 타당하다고 할 수 없다. 계약상 의무위반으로 인한 손해는 계약 목적물에 관하여서만 생긴다고 볼 수는 없다. 임차 외 건물 부분이라고 하더라도 거기에 발생한 손해가 임대차계약상 의무의 위반에서 비롯된 것이라고 한다면, 채무불이행책임에서 배제하여야 할 이유가 없다. 임대차계약의 내용으로 약정된 것만이 계약상 의무가 되는 것이 아님은 물론이다. 민법의 규정이나 그 해석을 통하여 임대차계약상 의무로 인정된다면, 그러한 의무의 위반은 채무불이행책임을 발생시킨다. 민법 제374조에 의하여 임차인은 선량한 관리자의 주의로 임대차 목적물을 보존할 계약상 의무를 부담한다. 이처럼 임대차계약상 의무가 분명하게 인정되는데도, 이를 외면하고 이러한 의무를 단순히 불법행위에서 전제하는 타인의 법익을 침해하지 말

아야 할 일반적인 의무에 그치는 것만으로 해석할 수는 없다. 결국, 임대차 목적물 보존·관리의무가 임대차계약상 의무로 인정되는 이상, 그 의무위반으로 인하여 야기된 임차 외 건물 부분의 손해 역시 채무불이행책임에 포섭된다고 할 수밖에 없는 것이다.

   (2) 불법행위책임으로 문제를 잘 해결할 수 있는데도 채무불이행책임의 성립범위를 넓혀 해결하고자 하는 시도는 자제되어야 한다는 주장도 이 사안에는 타당하지 않다. 계약상 의무로 쉽사리 포섭할 수 없음에도 그 외연(外延)을 넓혀 계약상 의무로 규정하고, 그 의무위반을 근거로 하여 채무불이행책임을 인정하는 경우에는 그러한 주장이 설득력이 있을 것이다. 그러나 임대차계약상의 의무로 분명하게 포섭될 수 있는 경우에는 그렇게 볼 수 없는 것이다.

6. 새로운 법리는 고의, 과실의 증명책임을 전환한 것인가?

   (1) 새로운 법리에 따르면 임차인의 임차 건물 부분에 관한 보존·관리의무의 위반이 있었음이 증명되고, 그러한 의무위반과 임차 외 건물 부분의 손해 사이에 상당인과관계가 있음이 인정되면, 임차인은 그 부분 손해에 관하여도 채무불이행을 원인으로 하는 손해배상책임을 부담한다. 이는 민법 제390조가 규정한 증명책임의 분배기준에 일치하는 것이다. 결코, 증명책임의 전환이 있는 것은 아니다. 민법 제390조는 "채무자가 채무의 내용에 좇은 이행을 하지 아니한 때에는 채권자는 손해배상을 청구할 수

있다. 그러나 채무자의 고의나 과실 없이 이행할 수 없게 된 때에는 그러하지 아니하다.”라고 규정하고 있다. 본문 규정은 채무불이행의 객관적 요건에 관한 증명책임이 손해배상 청구권자에게, 단서 규정은 고의, 과실이라는 주관적 요건에 관한 증명책임이 채무자에게 있음을 규정한 것으로 해석한다. 임차인이 임차 건물 부분에 관한 보존·관리의무를 위반하였다면, 이는 “채무자가 채무의 내용에 좇은 이행을 하지 아니한 때(계약상 의무위반)”에 해당한다. 채무불이행의 객관적 요건임이 분명하다. 임차인의 임대차 목적물 보존·관리의무 위반의 점을 손해배상 청구를 하는 임대인이 증명하여야 하는 것은 당연하다.

　　(2) 다만, 임대인에게 임차 외 건물 부분에 발생한 손해가 임차인의 임대차 목적물 보존·관리의무 위반에서 야기된 것이라고 하는 객관적 요건을 증명하도록 함으로써, 그 과정을 통하여 임차인이 부담하는 임대차 목적물 보존·관리의무 위반에 고의, 과실이 없다는 증명책임이 상당한 정도 해소되는 사실상 결과가 생겨날 뿐이다. 이는 의사의 의료과실이 있음을 전제로 채무불이행을 원인으로 손해배상을 구하는 경우 피해자가 의사의 주의의무와 그 의무위반의 점을 주장, 증명하여야 하고 그 과정을 통하여 의료행위에 고의, 과실이 없음에 관한 채무자인 의사의 증명책임이 상당한 정도 해소되는 것과 마찬가지 현상이다. 그밖에도 신체, 재산에 대한 보호의무나 안전배려의무가 있음을 전제로 채무불이행을 원인으로 하는 손해배상을 청구하는 사안에서 이러한 현상은 자주 관찰된다. 이에 따라 이러한 유형의 사안에서는 증명책임이라는 측면에서 채무불이행책임과 불법행위책임은 접근

하는 양상을 갖게 된다. 그러나 의무위반에 관한 증명책임을 손해배상을 청구하는 자가 부담한다고 하더라도, 고의, 과실이 없음에 관한 증명책임이 전환된 것과 완전히 일치한다고 할 수는 없다. 의무위반은 인정되나 고의, 과실이 부정되는 때도 있기 때문이다.

7. 나가면서

채무불이행의 유형으로 민법상 이행지체와 이행불능의 전형적인 유형이 인정된다. 두 유형 외에 채무불이행의 유형을 어떻게 구분할 것인지에 관하여는 여러 의견이 있다. 반면에, 민법 제390조는 모든 채무불이행의 태양을 포괄하는 일반 규정으로 기능할 수 있으므로, 굳이 전통적인 유형 구분에 따른 해석론을 고수할 필요가 없다는 의견이 유력하다. 이는 영미법이나 프랑스법, 그리고 유럽 계약법 등에 나타나는 태도에도 부합한다. 이상에서 살펴본 전원합의체 판결 사안은 채무불이행의 일반조항이라고 하는 민법 제390조의 해석론에 따른다면 문제가 생기지 않는데도, 이행불능의 법리에 집착하면서 그 타당한 범위를 넘어 적용함으로써 모순이 드러나는 대표적인 사례라고 할 수 있다. 아마도 이행불능의 법리는 계약을 체결한 다음 그 계약에 따라 채무자가 제공하여야 하는 본래적 급부의 불능이 있는 경우를 예정하고 확립된 법리일 것으로 짐작된다. 그러한 경우에는 이행불능의 법리가 잘못된 결과를 만들어내지 않는다. 그러나 이 사건과 같이 계약관계가 존속하는 중에 이행불능과 유사한 상태가 생기는 경우 사안에 따라 이행불능의 법리를 적용하는 것이 옳지 않을 수도 있다. 이행불능의 상태에 관하여 채무자의 고의, 과실이 있느냐는 점을 제쳐두고라도, 그 이행불능이 적어도 채무자의 의무위반으로부터 비롯된 것임이 전제될 수 있어야 비로소 이행불능의 법리는 적용될 수 있다. 이행불능 법리 자체가 이러한 생각을 전제로 하고 있다고 여겨진다.

이 글의 결론은, 첫째 이행불능의 법리는 임대차 목적물 반환의무가 있을 수 없는 임차 외 건물 부분에 적용될 수 없으며, 둘째 임차 건물 부분에 관하여도 멸실이나 훼손이라는 손해의 원인이 되는 보존·관리의무 위반이 있는지를 살피지 않고 그 반환의무 위반을 근거로 이행불능의 법리를 적용하여서는 아니 된다는 것이다. 위 전원합의체 판결은 첫째의 관점은 수용하였으나, 둘째의 관점은 수용하지 않았다. 장래의 과제로 남겨진 셈이다. 그 결과 하나의 화재로 발생한 손해에 관하여 임차 건물 부분에 관하여는 채무불이행책임이 성립하나, 임차 외 건물 부분에 관하여는 채무불이행책임이 성립하지 않는다는 어색하고도 상식에 어긋나는 결론을 내릴 수밖에 없었다. 둘째 관점까지 수용함으로써 임차 건물 부분과 임차 외 건물 부분에 걸쳐 통일적인 법리에 의한 해결에 성공할 수 있고, 상식에 합치되는 단일한 결론에 도달할 것이다.

제2장 공유물의 보존행위와 분할청구권의 대위 행사

1. 들어가면서

공유는 가장 빈번하게 나타나는 공동소유 형태이다. 공유자들 사이의 법률관계와 관련된 전원합의체 판결들이 2020. 5. 21. 함께 선고되었다. 그 가운데 하나는 공유물의 소수지분권자가 다른 공유자와 협의 없이 공유물의 전부 또는 일부를 독점적으로 점유·사용하고 있는 경우, 다른 소수지분권자가 공유물의 보존행위로서 공유물의 인도를 청구할 수 있는지가 쟁점이 된 대법원 2020. 5. 21. 선고 2018다287522 전원합의체 판결이다. 이 쟁점에 관하여는 대법원 1994. 3. 22. 선고 93다9392, 9408 전원합의체 판결을 통하여 이미 정리된 바가 있다. 공유물의 보존행위에 해당함을 전제로 공유물의 인도를 청구할 수 있다고 본 것이다. 그런데도 종래의 입장을 번복하고 새로운 법리를 선언하였다. 이러한 대법원의 태도 변화가 타당하고 별다른 문제를 남기고 있지는 않은지 살펴 볼 필요가 있다. 다른 하나는 금전채권자가 자신의 채권을 보전하기 위하여 채무자를 대위하여 채무자의 책임재산인

부동산 공유지분을 근거로 공유물분할청구권을 행사할 수 있는
지가 쟁점이 된 대법원 2020. 5. 21. 선고 2018다879 전원합의체
판결이다. 채권자대위권 행사의 범위가 확장되는 추세에서 그 한
계는 어디까지인지에 관한 질문이 던져진 사건이다. 이와 관련하
여 공유물분할의 자유는 어떤 의미가 있는지 살펴보도록 한다.

2. 공유물의 인도청구와 보존행위
(대법원 2020. 5. 21. 선고 2018다287522 전원합의체 판결)

(1) 사안의 개요와 다수의견의 요지

원고는 공유물인 이 사건 토지의 1/2 지분을 소유하고 있는
소수지분권자로서, 그 지상에 소나무를 식재하여 토지를 독점적
으로 점유하고 있는 피고(나머지 1/2 지분을 소유하고 있다)를 상대
로, 공유물의 보존행위로서 소나무 등 지상물의 수거와 토지의
인도를 청구하였다.

다수의견은, 공유물의 소수지분권자인 피고가 다른 공유자
와 협의 없이 공유물의 전부 또는 일부를 독점적으로 점유·사용
하는 경우, 다른 소수지분권자인 원고는 공유물의 보존행위로서
공유물을 자신에게 인도하라고 청구할 수는 없고, 다만 자신의
공유지분권에 기하여 공유물에 대한 방해 상태를 제거하거나 원
고의 공동 점유·사용을 방해하는 행위의 금지 등을 청구할 수 있
을 뿐이라고 판단하였다.

(2) 공유물의 보존행위와 물권적 청구권의 관계

㈎ 소유자는 그 소유에 속한 물건을 점유한 자에 대하여 반환을 청구할 수 있다(민법 제213조). 그리고 소유자는 소유권을 방해하는 자에 대하여 방해의 제거를 청구할 수 있고 소유권을 방해할 염려 있는 행위를 하는 자에 대하여 그 예방을 청구할 수 있다(민법 제214조). 지분에 의한 소유권을 갖는 공유자도 소유자로서 이러한 소유권에 기한 물권적 청구권을 그 지분의 범위 내에서 행사할 수 있을 것이다. 그러나 공유지분의 범위를 벗어나서 공유물 전부에 관하여 당연히 행사할 수 있다고 할 수는 없을 것이다. 권리의 행사는 권리의 범위를 초과하여 행사할 수는 없기 때문이다. 이러한 원칙에 따르면 공유 부동산에 관하여 제3자 명의로 원인무효인 소유권이전등기가 마쳐져 있는 경우 민법 제214조에 따른 방해제거청구권을 행사한다면, 공유자 각자는 자신의 지분에 관하여 말소를 구할 수 있을 뿐이고, 공유자 전원이 나서야 공유물 전부에 관하여 말소를 받을 수 있다. 또한, 공유물인 토지 위에 제3자가 무단으로 건물을 건축한 경우 소유권에 기한 방해제거로서 건물의 철거를 하기 위해서는 소유자인 공유자 전원이 청구권을 행사하여야 한다. 토지의 공유자는 각각 공유지분의 비율로 토지소유권을 방해받고 있다고 볼 수 있으므로, 그 지분의 범위 내에서만 철거를 구할 수 있기 때문이다.

㈏ 이와 달리 공유자가 자신의 지분권을 넘어 공유물 전부에 관하여 공유자 전원을 갈음하여 권리를 행사하고 그 법적 효과를 공유자 전원에게 미치도록 하기 위해서는, 이에 관한 별도의 근

거 규정이 있어야 한다. 공유물의 보존행위는 공유자 각자가 할 수 있다는 민법 제265조 단서가 바로 이에 관한 근거 규정이다. 다시 말하여, 공유자가 민법 제265조 단서에 따른 보존행위로서 그 지분 범위를 넘어 공유물 전부에 관하여 방해제거를 구하더라도, 그에 따른 법적 효과로서 보존행위의 효력은 공유물 전부에 관하여 공유자 전원에게 미친다. 그러므로 부동산 공유자의 1인은 그 부동산에 관하여 제3자 명의로 마쳐진 원인무효인 소유권이전등기 전부의 말소를 구할 수 있고, 토지 공유자의 1인은 그 토지 위에 제3자가 무단으로 건축한 건물의 철거를 구할 수 있다.

　판례는 1960년대에 이미 소유권에 기한 물권적 청구권 행사인 공유물에 관한 방해제거는 물론 공유물 반환을 공유자 각자가 민법 제265조 단서에 따른 보존행위로서 할 수 있다고 하는 법리를 확립하였다. 그리하여 제3자가 공유물인 토지나 건물을 무단으로 점유하는 경우 공유자가 보존행위로서 공유물 반환을 구하는 것을 허용한다. 결국, 민법 제265조 단서는 공유자 각자의 지위에서 단독으로 권리를 행사하더라도, 민법 제213조, 제214조에 따라 소유자인 공유자 전원의 지위에서 권리를 행사하는 때와 마찬가지의 법적 효과를 얻을 수 있도록 한다. 공유관계의 특수성을 고려한 수권(授權) 규정이라고 할 수 있다. 그러므로 이 경우 공유자가 민법 제265조 단서에 따라 보존행위로서 행사하는 실체적 권리는 민법 제213조의 소유물반환청구권이나 민법 제214조의 소유권방해제거, 방해예방청구권이다. 요컨대, 민법 제265조 단서는 권리행사의 방식과 그 법적 효과에 관하여서만 특칙으로서 기능한다. 그 결과 공유자 전원이 민법 제213조나 제214조의 물권적 청구권을 행사하는 소송을 제기하여 확정판결을 받은 다음, 공유자가 민법 제265조 단서에 따른 보존행위로서 같은 취지의 소송을 제기하면, 그 소는 소송물이 동일한 소로서 기판력에 저촉되어 허용될 수 없다(대법원 2016. 8. 30. 선고 2016다222149 판결). 반면에, 공유자가 민법 제265조 단서에 따른 보존행위로서 소송을 제기한 다음, 다른 공유자가 보존행위로서 같은 취지의 소송을 제기하거나 민법 제213조나 제214조에 따른 물권적 청구권을 행사하는 소송을 제기하면, 그 소가 기판력에 저촉되는지는 검토의 여지가 있다.

독일 민법은 소유권에 기한 물권적 청구권으로서 제985조에 소유물반환청구권을, 제1004조에 방해제거청구권 및 부작위청구권을 규정하면서도, 따로 제1011조에 공유자 각자가 공유물 전부에 관하여 공유자 전원에 대한 효력이 있는 소유권에 기한 물권적 청구권을 행사할 수 있도록 명료하게 규정하고 있다. 우리 법원은 현명하게도 민법 제265조 단서에 규정된 '보존행위'에 관한 해석을 통하여 마찬가지 결과를 실현하고 있다. 그러한 법리를 제시한 후 60년이 지난 현재의 시점에서 판례에 나타난 사례를 살펴보면, 거의 전부가 제3자에 대한 물권적 청구권의 행사에 관한 것이거나, 소수지분권자인 공유자의 협의에 의하지 않은 공유물의 배타적 지배를 해소하기 위한 다른 공유자의 권리행사에 관한 것이다. 공유물의 멸실, 훼손을 방지하기 위한 사실행위가 '보존행위'로서 문제 되었던 경우는 거의 찾아보기 어렵다.

㈑ 민법 제409조는 "채권의 목적이 그 성질에 의하여 불가분인 경우에 채권자가 수인인 때에는 각 채권자는 모든 채권자를

위하여 이행을 청구할 수 있고 채무자는 모든 채권자를 위하여 각 채권자에게 이행할 수 있다."라고 규정하고 있다. 이 규정을 물권적 청구권에 유추 적용할 수 있음을 전제로, 공유자 각자는 민법 제213조, 제214조에 따른 공유물 전부에 관한 소유물반환청구권이나 소유물방해제거, 방해예방청구권을 행사할 수 있다고 해석하여야 한다는 견해가 유력하다. 그러나 민법 제265조 단서가 간편한 권리행사의 방법을 규정하고 있음에도, 이를 제쳐두고 다른 규정을 굳이 유추 적용하여야 한다고 볼 필요는 없을 것이다. 유추 적용은 의지할 규정이 없을 때 마지막 수단으로 고려되어야 한다. 그리고 공유 부동산에 관하여 제3자 명의로 마쳐진 원인무효인 소유권이전등기 말소 청구의 경우처럼 성질상 불가분채권이라고 볼 수 없는 경우에는 유추 적용을 긍정하기 어렵다. 또한, 공유물의 소수지분권자가 다른 공유자와 협의 없이 공유물의 전부 또는 일부를 독점적으로 점유·사용하고 있는 이 사건 사안과 같은 공유자들 사이의 관계에서는 불가분채권의 법리를 유추 적용할 수 없다. 이처럼 유추 적용의 범위가 제한적일 수밖에 없다면, 그러한 해석은 법리를 복잡하게 만들 뿐이다.

(3) 공유자 사이의 공유물 방해제거청구

㈎ 공유자 각자의 지위에서도 다른 공유자에 대하여 민법 제213조, 제214조에 따라 공유지분권에 기한 물권적 청구권을 행사할 수 있는 때가 있다. 이는 공유자가 그 지분권에 관한 방해 등을 제거하기 위하여 지분권의 범위 내에서 물권적 청구권을 행사하는 경우로 제한된다. 예컨대, 공유자가 공유물 전부를 다른 공

유자의 사용, 수익을 방해하지 않으면서 공유의 목적에 부합하게 지분의 비율로 사용, 수익할 수 있는데도 다른 공유자가 정당한 이유 없이 그 사용, 수익을 방해하고 있다면, 자신의 사용, 수익을 보장받기 위하여 단독으로 사용, 수익을 방해하고 있는 공유자를 상대로 공유지분권에 기한 방해제거청구권을 행사할 수 있다. 사용, 수익을 방해받고 있는 공유자는 자신의 지분 비율에 상응하는 사용, 수익의 권리를 보장받으면 충분하기 때문이다.

(나) 그런데 소수지분권자인 토지 공유자가 다른 공유자와 협의 없이 토지 위에 식재한 수목의 수거를 위하여 다른 소수지분권자인 공유자가 그 지분권에 기하여 민법 제214조에 따른 방해제거로서 그 수거를 청구하면 목적을 달성할 수 있는가? 다수의견은 이를 긍정하였다.

그러나 토지의 공유자는 그 토지 위에 식재한 수목으로 인하여 각각 보유하고 있는 지분의 비율로 토지소유권을 방해받고 있다고 볼 수 있다. 그러므로 공유자가 자신이 보유한 지분권에 기하여 민법 제214조에 따른 방해제거청구를 하는 경우, 그 지분의 범위에 관하여서만 수거청구의 효력이 있다. 따라서 식재한 수목의 수거라는 목적을 달성할 수 없다. 공유자 전원이 청구권을 행사하여야 한다. 그러나 수목을 식재한 공유자가 이에 응한다면 애초에 문제가 야기되지도 않았을 것이다. 그런데도 어떻게 공유지분권에 기한 방해제거청구권의 효력이 공유물 전부에 미칠 수 있는지 다수의견은 근거를 제시하지 않고 있다.

방해제거청구권을 행사하는 공유자와 마찬가지로 그 상대방인 공유자 역시 지분권을 보유한다는 점을 간과하고 있다. 무엇보다 지분권을 완전한 소유권처럼 인정하여 물권적 청구권을 허용하는 논리는 모순적이다. 소유권을 보유한 자에 대하여 소유권을 행사하는 것을 허용하는 결과가 되기 때문이다. 달리 말하면, 물권적 청구권을 갖는 자에 대하여 물권적 청구권을 행사하는 것을 허용하는 것이다. 공유자들 사이에서 물권적 청구권의 법리가 전면적으로 적용될 수 없음을 알 수 있다. 이를 극복할 수 있는 대안이 필요하다.

우리 법원은 보존행위라는 방식으로 공유자의 제3자에 대한 물권적 청구권의 행사를 허용한 초기부터, 소수지분권자에 의하여 야기된 공유물에 존재하는 객관적인 위법상태를 제거하여 현상(現狀)을 유지하기 위한 다른 공유자의 행위도, '보존행위'로서 허용된다고 판단하였다. 보존행위로 평가되는 이상, 객관적인 위법상태를 야기한 공유자의 주관적인 이해관계나 의사는 이러한 권리행사와 그에 따른 법적 효과에 아무런 영향을 미치지 못한다. 공유자가 민법 제265조 단서에 따른 보존행위로서 위법상태의 제거를 구하면, 그 청구의 효력은 공유자의 지분 범위를 넘어 공유물 전부에 미치고, 그에 따른 판결의 효력은 공유자 전원에게 미친다. 민법 제265조 단서에 규정된 '보존행위'는 공유자 사이에서 또 다른 기능을 수행한다고 할 수 있다. 이 경우 '보존행위'는 공유관계의 특수성을 고려하여 그 권리행사의 방식과 그 법적 효과에 관하여 정한 수권 규정에 그치지 않는다. 제3자에 대한 물권적 청구권 행사의 경우와는 달리, 공유물에 존재하는 객관적인 위법상태를 제거하여 현상을 유지하기 위한 실체적 권리의 근거로서도 작용한다.

독일 민법 제745조 제2항은 "관리 및 이용이 약정 또는 다수 결에 의하여 정하여지지 아니한 한, 각 지분권자는 공평한 재량에 좇아 지분권자 전원의 이익에 상응하는 관리와 이용을 청구할 수 있다."라고 규정하고 있고, 제744조 제2항은 "각 지분권자는 다른 지분권자의 동의 없이 목적물의 보존에 필요한 조치를 할 권리가 있다."라고 규정하고 있다. 우리 민법 제265조 단서에 규정된 '보존행위'는 독일 민법 제1011조뿐만 아니라 제744조 제2항과 제745조 제2항이 규정한 역할까지 포괄한다고 할 수 있다. 공유자 지분의 과반수로써 공유물의 관리에 관한 사항이 결정되지 않은 상태에서 소수지분권자가 일방적으로 공유물에 관한 현상을 변경한 경우 원상회복을 통하여 원래의 현상을 유지하는 것만이 최선의 해결책이라고 단정할 수는 없을 것이다. 문제를 해결하기 위한 수단으로서 독일 민법과 같은 입법적 선택을 하는 것이 합리적일 수 있다. 그러나 그러한 입법이 없는 우리 민법의 체계 내에서 '보존행위'라는 통로를 통하여 원상회복의 방법으로 문제 해결을 도모한 것 또한 수긍할 수 있는 선택으로 이해할 수 있다. 공유자 1인이 한 법적 행위나 사실행위의 효과가 공유자 전원에게 귀속된다는 보존행위의 성격에 착안한 선택이었을 것으로 여겨진다. 일본 민법 제252조는 우리 민법 제265조와 같은 취지의 규정이나, 공유자 사이의 문제 해결 수단으로 '보존행위'를 활용하는 것 같지 않다. 그렇다고 하여 우리의 판례 법리보다 더욱 좋은 해결책을 찾아낸 것 같지도 않다. 우리 법원이 전개한 보존행위 법리는 고유한 법리로서 확고하게 정착되었다고 할 수 있다.

(4) 공유자 사이의 공유물 인도청구

㈎ 소수지분권자인 공유자가 다른 공유자와 협의 없이 공유물인 토지 위에 수목을 식재한 경우 소수지분권자인 다른 공유자는 그 수목의 수거를 구하는 외에 보존행위로서 공유물인 토지의 인도를 구할 수 있는가? 다수의견은 이를 부정하였다. 그 구체적인 이유는 다음과 같다. "보존행위는 공유물의 멸실·훼손을 방지하고 그 현상을 유지하기 위하여 하는 사실적, 법률적 행위를 뜻한다. 이러한 보존행위를 공유자가 다른 공유자와 협의하지 않고 단독으로 할 수 있도록 한 취지는 보존행위가 긴급을 요하는 경우가 많고 다른 공유자에게도 이익이 되는 것이 보통이기 때문이다. 그런데 공유자 중 1인인 피고가 공유물을 독점적으로 점유하고 있어 다른 공유자인 원고가 피고를 상대로 공유물의 인도를 청구하는 경우, 그러한 행위는 공유물을 점유하는 피고의 이해와 충돌한다. 애초에 보존행위를 공유자 중 1인이 단독으로 할 수 있도록 한 것은 보존행위가 다른 공유자에게도 이익이 되기 때문이라는 점을 고려하면, 이러한 행위는 민법 제265조 단서에서 정한 보존행위라고 보기 어렵다." 그런데 공유물 방해제거청구에는 이러한 설명이 왜 똑같이 적용되지 않는지 그 이유를 알 수 없다. 같은 논리를 적용하면 공유물 방해제거청구도 배척하여야 할 것이다. 오히려 공유자의 보존행위는 공유물에 관한 위법한 상태를 제거하여 공유물의 현상을 유지하기 위한 것이므로, 피고의 독점적인 점유, 사용이 위법한 이상 그러한 위법한 이익을 근거로 다른 공유자의 보존행위를 저지시킬 수 있는 사유로 삼을 수는 없

다. 이러한 이유로 공유물 방해제거청구는 물론, 공유물 인도청구도 긍정하였어야 옳다.

그리고 민법 제265조 단서에 규정된 보존행위는 공유자 각자가 하더라도 공유지분의 범위를 넘어 공유물 전부에 관하여 공유자 전원에 대한 효력이 있는 것임을 유의하여야 한다. 이미 살펴본 것처럼, 제3자가 무단으로 점유하고 있는 공유물인 토지를 소수지분권자인 공유자가 보존행위로서 그 토지를 인도받았다면, 그 법적 효과는 인도를 받은 그 공유자의 단독 점유 상태로 되는 것이 아니고 공유자 전원을 위하여 점유하는 것일 뿐이다. 이러한 법리는 소수지분권자인 토지의 공유자가 다른 소수지분권자인 공유자를 상대로 보존행위로서 공유물인 토지의 인도를 받은 때에도 마찬가지로 타당하다. 그 법적 효과는 공유물인 토지를 인도받은 공유자가 단독으로 점유하는 것이라고 할 수 없고, 인도청구 상대방인 공유자를 포함한 공유자 전원을 위하여 점유하는 것이다. 인도청구 상대방인 공유자의 독점적 점유에서 인도청구를 한 공유자의 독점적 점유로 전환되는 것이 결코 아니다. 대법원도 이미 같은 취지로 판단하였음을 상기(想起)할 필요가 있다. 즉, "공유자 사이에 공유물을 사용, 수익할 구체적인 방법을 정하는 것은 공유물의 관리에 관한 사항으로서 공유자 지분의 과반수로써 결정할 것임은 민법 제265조에 규정되어 있으므로, 공유물의 지분권자는 다른 지분권자와의 협의가 없는 한 그 공유물의 일부라 하더라도 이를 자의적, 배타적으로 독점, 사용할 수 없고, 나머지 지분권자는 공유물의 보존행위로서 그 배타적 사용의 배제를 구할 수 있으며, 공유물의 보존행위로서 독점적, 배타적으로 점유, 사용하던 공유자를 배제하고 확정판결의 집행을 통하여 계쟁 부분을 인도받았다고 하더라도, 그러한 사실만으로 보존행위로 인도를 받은 공유자에게 이에 대한 독점적, 배타적 사용, 수익권이 인정되는 것은 아니다(대법원 1992. 6. 13.자 92마290 결정)."라고 함으로써, 보존행위로 이루어진 공유물 인도의 법적 효과에 관한 의미를 분명히 하였던 것이다.

그러므로 피고가 공유물을 독점적으로 점유하는 위법한 상태를 시정한다는 명목으로 원고의 인도청구를 허용한다면, 인도청구 상대방인 피고의 점유를 전면적으로 배제함으로써 피고가 적법하게 보유하는 지분 비율에 따른 사용·수익권까지 근거 없이 박탈한다는 주장, 원고 역시 피고와 마찬가지로 소수지분권자에 지나지 않으므로 원고가 공유자인 피고를 전면적으로 배제하고 자신만이 단독으로 공유물을 점유하도록 인도해 달라고 청구할 권원은 없다는 주장, 공유물에 대한 인도 판결과 그에 따른 집행의 결과는 원고가 공유물을 단독으로 점유하며 사용·수익할 수 있는 상태가 되어 일부 소수지분권자가 다른 공유자를 배제하고 공유물을 독점적으로 점유하는 인도 전의 위법한 상태와 다르지 않다는 주장 등은, 모두 보존행위의 법리를 잘못 이해한 데에서 비롯된 것이고 옳다고 할 수 없다.

㈏ 한편, 소수지분권자인 공유자가 공유물인 토지 위에 무단으로 건물을 건축하거나 수목을 식재하는 등으로 그 토지를 독점적으로 점유하고 있다면, 그 건물의 철거나 수목의 수거만으로는 토지소유권에 관한 방해 상태가 완전하게 제거되는 것이 아니다. 건물의 철거나 수목의 수거에도 불구하고 그 토지를 여전히 독점

적으로 점유하는 상태를 유지할 수 있기 때문이다. 그러한 독점
적 점유를 해제하기 위한 또 다른 소송을 필요로 하게 된다. 태양
을 바꿔 독점적인 점유를 계속하여 유지하는 경우에도 속수무책
이 된다. 예컨대, 건물의 철거나 수목의 수거 후에도 원고의 출입
을 허용하지 않아 그러한 방해행위의 금지를 청구하여 확정되더
라도, 이어서 물건을 쌓아두는 등으로 여전히 독점적인 점유를
유지한다면 다시금 그 방해의 제거를 청구하여야 하는 등 반복되
는 구제절차를 강요받게 된다. 이미 제기된 소송에서 토지의 인
도청구를 허용함으로써 그러한 독점적 점유를 말끔하게 해소할
수 있었음에도 이를 막음으로써 분쟁의 발본적인 해결에 역행하
게 된다는 비판을 받을 수밖에 없다. 아울러 이미 악의적인 행태
를 보인 공유자의 선의를 전제한 다음, 공유물의 현상을 유지하
기 위하여 권리를 행사하는 다른 공유자의 악의를 가정하여 그
법적 구제를 허용하지 않는 것은, 균형에 맞지 않는 해석이라고
할 수밖에 없다.

(5) 맺는말

이상에서 살펴본 것처럼, 민법 제265조 단서에 규정된 보존
행위에는 (1) 공유자가 공유지분권에 기하여 단독으로 공유물 전
부에 관하여 제3자를 상대로 물권적 청구권을 행사할 수 있도록
권한을 부여하는 기능, (2) 소수지분권자에 의한 위법한 배타적
점유 등을 다른 공유자가 제거하여 공유관계를 적법하게 원상회
복하도록 하는 기능, (3) 공유물의 멸실, 훼손을 방지하거나 현상
을 유지하도록 하는 기능 등이 포함된다. 보존행위의 개념은 물

권적 청구권의 범위보다 더 넓은 외연(外延)을 갖는다고 할 수 있다. 보존행위는 그 유형의 차이에도 불구하고 공유자 1인이 한 법적 행위나 사실행위의 효과가 공유자 전원에게 귀속된다는 공통분모를 갖는다. 이 점이 보존행위의 본질적 성격이다.

그런데 다수의견 주장과 같이 공유자 사이에서 소수지분권자인 공유자가 다른 공유자를 상대로 지분권에 기하여 민법 제214조에 따른 방해제거를 청구할 수 있다면, 당연히 제3자에 대하여도 지분권에 기하여 민법 제214조에 따른 방해제거청구를 할 수 있다고 보아야 한다. 그렇게 되면 이제까지 민법 제265조 단서에 따른 보존행위에 해당함을 이유로 법적 구제가 인정되었던 사례들은 민법 제213조나 제214조에 따른 물권적 청구권의 행사로 해결된다. 실제로 거의 법적 문제를 제기하지 않던 공유물의 멸실이나 훼손을 방지하기 위한 좁은 범위로 보존행위의 의미는 축소될 것이다. 근본적인 문제는, 공유자 각자는 공유지분권에 기한 민법 제213조나 제214조에 따른 물권적 청구권의 행사로는 공유물 전부에 관하여 공유자 전원에게 효력을 미치는 보존행위를 하는 것이, 제3자를 상대방으로 하든 소수지분권자인 공유자를 상대방으로 하든 모두 가능하지 않다는 점이다. 공유물의 보존행위라는 틀 안에서만 가능할 뿐이다. 60년에 걸쳐 판례에 의하여 확립된 공유물 보존행위의 체계에, 합리적인 대안이 없는 상태에서 커다란 균열이 생긴 것이라는 우려를 버릴 수 없다.

3. 공유물분할청구권과 채권자대위권
(대법원 2020. 5. 21. 선고 2018다879 전원합의체 판결)

(1) 사실관계와 쟁점

㈎ 원고는 한국자산관리공사로부터 소외 1에 대한 양수금채권 6,399,954원 및 지연손해금을 양수한 채권자이다. 본래 소외 2의 소유이던 이 사건 아파트에 관하여 피고 앞으로 협의분할에 의한 상속을 원인으로 한 소유권이전등기가 되었다. 그러나 위 소유권이전등기에 관하여 사해행위 취소를 원인으로 이 사건 아파트의 7분의 1 지분(이하 '이 사건 공유지분'이라 한다)은 소외 1의, 7분의 6 지분은 피고의 공유로 경정하는 내용의 등기가 이루어졌다. 이 사건 아파트에는 위 소유권이전등기가 되기 전부터 농업협동조합중앙회 앞으로 채무자 소외 3, 채권최고액 2억 4,000만 원인 근저당권과 채무자 소외 3, 채권최고액 1억 800만 원인 근저당권이 각 설정되어 있었다(이하 위 각 근저당권을 통틀어 '이 사건 근저당권'이라 한다). 신용보증기금이 이 사건 공유지분에 대한 강제경매를 신청하여 경매절차가 개시되었지만, 경매법원은 신용보증기금에 '이 사건 공유지분의 최저매각가격 59,000,000원이 압류채권자의 채권에 우선하는 부동산의 부담 296,297,784원(근저당권, 체납조세, 공과금)에 미치지 못한다'고 통지한 다음 경매신청을 기각하였다. 소외 1은 원심 변론종결 당시 채무초과로 무자력 상태에 있었다.

㈏ 이 사건 아파트의 각 공유지분은 이 사건 근저당권을 공동으로 담보하고 있다. 이 사건 근저당권과 다른 우선권의 부담

을 합한 금액은 이 사건 공유지분 가액보다는 크지만, 이 사건 아파트(공유지분 전부)의 가액보다는 작다. 이 사건의 쟁점은, 채무자인 공유자의 책임재산인 부동산 공유지분에 관한 강제집행으로는 채권자의 채권에 우선하는 부동산의 모든 부담과 절차비용을 변제하면 남을 것이 없는 경우에, 채권자가 곧바로 금전채권을 실현하기 위한 수단으로 채무자를 대위하여 채무자의 공유지분을 근거로 공유물분할청구권을 행사할 수 있는지 여부이다.

(2) 공유물분할의 자유와 사적 자치

㈎ 민법 제263조는 "공유자는 그 지분을 처분할 수 있다."라고 규정하여 공유지분 처분의 자유를 규정하고 있다. 동시에, 민법 제264조는 "공유자는 다른 공유자의 동의 없이 공유물을 처분하거나 변경하지 못한다."라고 규정하고 있다. 공유지분은 공유자에게 전속하는 것이므로 전적으로 그의 처분의 자유에 맡기지만, 공유물은 개별 공유자뿐만 아니라 공유자 전원의 이해관계가 걸려있는 것이므로 다른 공유자의 처분권도 존중되어야 한다는 생각이 표현된 것이라고 보아야 할 것이다.

그리하여 공유지분을 양도하거나 지분에 담보권을 설정하는 것은 허용되나, 지분에 지상권이나 전세권 등의 용익물권을 설정하기 위해서는 공유자 전원의 동의가 필요하다고 본다. 이러한 용익물권의 설정은 그 효과가 공유물 전부에 미친다는 것이 그 이유일 것이다. 공유지분에 관한 권리행사조차 공유물 전부에 그 영향이 미칠 수 있는 경우에는 그 지분권 행사를 제한하는 것이다.

공유자가 다른 공유자의 공유지분에 관한 권리를 행사할 수

있는 것은 아니므로 자신의 공유지분이 아니라 공유물에 지상권
이나 전세권 등의 용익물권을 설정하기 위해서는 민법 제264조의
규정과 관계없이 당연히 공유자 전원의 동의가 필요하다. 마찬가
지로 공유물에 관한 담보권 설정도 공유지분의 경우와는 달리 공
유자 전원의 동의가 필요하다. 그런데 공유자의 채권자에게 경매
분할로 귀결될 공유물분할청구권을 대위 행사하도록 허용한다면
공유자 전원의 동의가 없는데도 공유물에 관한 담보권을 설정한
경우와 유사한 효과가 생겨난다. 공유물 경매로 인한 매각대금
중 공유지분의 범위 내로 공유자의 채권자가 수령할 수 있는 금
액이 제한된다는 차이를 가질 뿐이다. 이처럼 공유자의 채권자에
의한 공유물분할청구권의 대위 행사는 이를 인정하는 별도의 입
법이 없는 한 체계적 정합성이 있다고 보기 어렵다.

  (나) 민법 제268조 제1항은 "공유자는 공유물의 분할을 청구
할 수 있다."라고 규정하여 공유물분할의 자유를 선언하고 있는
것으로 이해한다. 그러면서도 민법 제269조 제1항은 공유물 "분
할의 방법에 관하여 협의가 성립되지 아니한 때에는 공유자는 법
원에 그 분할을 청구할 수 있다."라고 규정하고 있다. 그러므로
공유물의 분할은 공유자 사이의 협의에 따라 이루어지는 것이 원
칙이다. 공유자 사이에 협의가 성립되지 아니한 때에 공유자는
법원에 공유물의 분할을 청구할 수 있다. 공유물분할의 소가 제
기되어 있더라도, 공유자 사이에 분할에 관한 협의가 성립한 경
우에는 이미 제기한 공유물분할의 소를 유지하는 것은 허용되지
않는다(대법원 2013. 11. 21. 선고 2011두1917 전원합의체 판결). 공유
물분할은 민법 제264조가 규정하는 처분행위이다(대법원 2017. 5.

31. 선고 2017다216981 판결). 그리하여 입법자는 공유물분할의 자유를 인정하면서도 다른 공유자의 처분권도 존중되어야 한다는 민법 제264조의 취지와 조화시키기 위하여 협의 분할의 원칙을 규정한 것이다. 그리고 협의에 의한 공유물분할은 사적 자치의 원칙이 지배하는 영역에서 이루어지는 것이므로, 당사자는 협의에 의하여 분할의 시기와 방법을 임의로 선택할 수 있다.

(3) 채권자대위권 행사의 한계

㈎ 채권자가 채무자인 공유자를 대위하여 경매에 의한 공유물분할을 청구할 수 있다고 허용한다면, 공유물 협의 분할의 원칙을 희생시키는 것이다. 협의에 의한 공유물분할을 1차적으로 보장함으로써 공유자 사이에 사적 자치의 원칙을 최대한 보장하고자 한 취지는 사라진다. 일부 공유자의 채권자가 갖는 이익을 도모하기 위하여 채무자인 공유자를 넘어 그 외의 다른 공유자의 이익을 도외시하는 것이다. 이 점이 다른 채권자대위권 행사의 경우에 나타나지 않는 유의하여야 할 측면이다.

채권자에게 채무자인 공유자의 공유물분할청구권을 대위하여 행사하는 것을 인정하더라도, 다른 공유자가 채무자와 협의에 의한 분할을 하면 공유물분할청구의 소는 각하될 수밖에 없으므로 협의 분할의 원칙이 훼손되는 것은 아니라는 반론이 있을 수 있다. 그러나 근본적인 문제점은 여전히 남는다. 공유물분할을 할 것인가, 나아가 언제 어떠한 방식으로 할 것인가라는 공유자 사이의 사적 자치를 침해한다는 점에서는 변함이 없기 때문이다. 공유물분할은 공유물에 관한 처분행위로서 채무자인 공유자 개인의 권리만이 아니라 공유자 전원의 권리에 심대한 영향을 미친 다는 점을 인식하여야 한다.

　이 사건의 경우 아파트의 6/7 지분권자인 피고는 협의에 의 하여 1/7 지분권자인 채무자에게, 장차 이 사건 근저당권의 피담 보채무가 변제되는 시점에 그 지분의 평가액에서 근저당권의 피 담보채무액 중 부담부분인 1/7에 상당하는 액수를 공제하고 남는 금액을 지급하는 것을 조건으로, 그 지분을 양수하는 분할을 할 수 있다. 그러한 협의 분할이 1/7 지분권자인 채무자에 대한 채권 자의 권리를 침해하는 것으로서 위법하다고 볼 근거는 전혀 없 다. 그런데도 특정 공유자의 채권자가 당장 그 채권을 실현할 가 능성이 있음을 근거로, 공유물인 아파트에 관하여 다른 공유자의 의사를 고려하지 않고 경매에 의한 분할을 강제하는 것이 옳다고 할 수는 없을 것이다. 이 사건 사안은 공유물분할청구권 대위행 사의 폐해가 극명하게 드러나는 사례이기도 하다.

　⑷ 또한, 우리 민법이 채권자가 다른 공유자의 권리를 침해 하지 않으면서 채무자인 공유자의 권리를 행사할 수 있는 길을 배제하지 않고 있다는 점을 주목할 필요가 있다. 채권자는 채권 자대위권을 행사하여 채무자인 공유자의 지분을 처분할 수 있기 때문이다. 그런데도 공유자 전원의 권리에 근본적인 영향을 미치 는 권리행사를 허용하는 것은, 공유자 사이의 내부관계를 규정한 민법의 원칙을 무너뜨리는 것으로 채권자대위권 행사의 한계를 벗어나는 것이다. 그러한 길을 채권자에게 허용하기 위해서는 법 적 근거가 필요하다. 아울러 다른 공유자에게 채권자대위권 행사 로부터 비롯되는 영향으로부터 방어할 수 있는 수단을 부여하는

입법도 필요하다.

 채권자대위권 규정의 모법이라고 하는 프랑스 민법이 참고
될 수 있다(제815−17조, 제1873−15조). 프랑스 민법은 우리와 달
리 채권자가 채무자의 공유지분을 압류할 수 없도록 한다. 반면
에, 공유물분할청구권을 대위 행사하는 것을 허용한다. 그러면서
도 다른 공유자들이 채무자인 공유자의 채무를 변제하고 분할소
송을 정지할 수 있도록 하며, 그러한 권한을 행사한 공유자는 공
유물로부터 우선변제를 받도록 규정한다. 그런데 우리 민법은 이
와 달리 채권자가 채무자의 공유지분을 압류하여 처분하는 것을
당연하게 여긴다. 이를 전제로 민사집행법 제139조는 공유물지분
에 대한 경매를, 제140조는 공유자의 우선매수권을 규정하고 있
다. "공유자는 매각기일까지 보증을 제공하고 최고매수신고가격
과 같은 가격으로 채무자의 지분을 우선 매수하겠다는 신고를 할
수 있고(제1항), 법원은 최고가매수신고가 있더라도 그 공유자에
게 매각을 허가하여야 하며(제2항), 여러 사람의 공유자가 우선
매수하겠다는 신고를 하고 절차를 마친 때에는 특별한 협의가 없
으면 공유지분의 비율에 따라 채무자의 지분을 매수하게 한다(제
3항)." 우리 민법과 프랑스 민법은 공유관계에서 공유자에 대한
채권자의 권리실현을 다른 방식으로 의도하고 있다고 보는 것이
올바른 해석일 것이다.

 채권자대위권 제도가 없는 독일 민법은 "채권자가 지분권자
의 지분을 압류한 경우에는, 채무명의가 임시의 집행력만을 가진
것이 아닌 한, 그 채권자는 공동의 해소를 청구할 수 있다(제751
조 제2문)."라고 규정한다. 채권자는 채무자인 공유자를 상대로 한

확정판결이나 이에 준하는 채무명의를 가지고 있어야 하고 그 채무명의에 기하여 공유자의 지분을 압류하는 것을 전제로 공유물분할청구를 할 수 있다고 이해된다. 이같이 채권자의 채무자에 대한 직접적인 채권의 행사가 선행되어야 하고 그 채권 행사로 취득한 채무명의에 기하여 채무자의 지분권을 압류하는 집행 절차를 밟도록 함으로써 채권자대위권이 야기하는 민법이나 민사집행법 체계상의 혼란이 방지된다. 채권자가 자신의 채권을 채무자를 건너 뛰어 제3채무자에 대하여 사실상 직접 청구하는 문제나, 채무명의에 기한 집행 절차를 생략하고 사실상 채권을 실현하는 문제가 회피되기 때문이다. 이에 반하여, 우리 민법이 규정한 채권자대위권의 행사에는 채권자가 채무자를 상대로 한 확정적인 집행력을 갖는 채무명의를 필요로 하지 아니하며, 그에 기한 공유자의 지분 압류도 필요로 하지 아니한다. 이에 따라 채권자가 채무자인 공유자를 대위하여 공유물분할청구권을 행사할 수 있다고 하면 일반 채권자에게도 사실상 후순위 저당권자와 같은 지위를 보장하여주는 결과가 야기될 수 있다. 민법이나 민사집행법의 체계를 무너뜨린다고 할 수 있다. 한편, 독일 민법은 공유물분할에 관하여도 우리 민법과 같이 협의 분할의 원칙을 규정하지 않고, 현물분할과 매각에 의한 분할만을 규정하고 있다. 분명한 입법을 통하여 그 체계에 합치되는 순리적(順理的)인 방식으로 독일 민법 역시 공유자의 일반 채권자의 채권실현을 허용한 것으로 여겨진다.

결론적으로, 명확한 입법을 배경으로 하지 않고, 우리 민법이 규정한 공유 관계의 체계를 외면하면서 해석론을 펼치는 것은 옳다고 할 수 없다.

(4) 채권보전의 필요성에 관하여

채권자가 채무자인 공유자를 대위하여 공유물분할청구권을 행사할 수 있다고 하는 것은 실질적으로 동시배당을 위한 일괄경매권을 인정하는 것이다. 공유지분의 경매만으로는 채권자의 채권에 우선하는 근저당권 등의 우선변제로 남는 것이 없으므로 채권을 실현할 수 없지만 다른 공유자의 공유지분까지를 포함한 공유물 전부가 경매된다면 채권을 실현할 수 있음을 이유로 공유물분할청구권의 대위 행사를 허용하는 것이기 때문이다. 그러나 채무자인 공유자의 공유물분할청구권을 그 채권자가 대위 행사하도록 함으로써 실질적으로 동시배당을 위한 일괄경매의 효과를 가져오도록 하여야 할 정당한 이익이 있다고 보기 어렵다. 공유물에 근저당권을 설정한 경우 공유자의 일반 채권자가 갖는 지위와 동일한 채권의 담보로 소유자가 다른 수 개의 부동산에 공동근저당권을 설정한 경우 저당부동산 중 특정 부동산 소유자의 일반 채권자가 갖는 지위를 비교하여 보면 이 점을 쉽게 알 수 있다.

민법 제368조 제1항은 "동일한 채권의 담보로 수 개의 부동산에 저당권을 설정한 경우에 그 부동산의 경매 대가를 동시에 배당하는 때에는 각 부동산의 경매 대가에 비례하여 그 채권의 분담을 정한다."라고 규정하고, 민법 제368조 제2항 전문은 "전항의 저당부동산 중 일부의 경매 대가를 먼저 배당하는 경우에는 그 대가에서 그 채권 전부의 변제를 받을 수 있다."라고 규정하고 있다. 그리고 민법 제368조는 당연히 공동근저당권의 경우에도 적용된다.

이에 따르면 소유자가 각기 다른 수 개의 부동산에 공동근저당권이 설정된 경우 그중 하나의 부동산에 관한 경매가 이루어져 그 대가에서 채권 전부의 변제가 이루어지더라도 그 소유자나 그에 대한 채권자는 이러한 결과를 감수하여야 한다. 이러한 상황에서, 경매 부동산의 일반 채권자가 근저당권이 설정된 부동산 전부에 관한 경매가 이루어지면 자신의 채권을 변제받을 수 있음을 이유로, 채무자인 소유자를 대위하여 일괄경매를 신청할 권한이 없다.

그렇다면 하나의 공유 부동산에 근저당권이 설정된 경우, 채무자인 공유자의 지분에 관한 경매가 이루어져 근저당권의 피담보채권 전액의 변제가 있게 되더라도, 공유자나 그 채권자는 마찬가지로 이러한 결과를 당연히 감수하여야 할 것이다. 공유 부동산에 근저당권이 설정된 경우라고 하여 소유자가 각기 다른 수 개의 부동산에 공동근저당권이 설정된 경우와 달리, 공유자의 채권자는 이러한 결과를 회피하기 위하여 근저당권이 설정된 공유 부동산 전부에 관하여 일괄경매를 신청할 수 있다고 볼 수는 없다.

소유자가 각기 다른 수 개의 부동산에 공동근저당권이 설정된 경우와 수 개의 공유지분으로 이루어진 공유물에 근저당권이 설정된 경우를 달리 보아야 할 이유는 없다. 공유물의 경우 공유자에 의하여 공유물분할청구권이 행사되어 일괄경매가 이루어짐으로써 생겨나는 반사적 결과를 근거로, 그에 관한 차이를 만들어내는 해석을 하는 것은 타당하지 않다. 분명한 법적 근거 없이

채무자인 공유자의 채권자만을 위하여 예외적으로 일괄경매권을
창설하는 해석은 허용될 수 없다고 보아야 한다.

제3장 주주명부 기재의 대항력

1. 들어가면서

타인의 명의를 빌려 주식을 인수하거나 양수하고 그 타인의 명의로 주주명부에 기재까지 마친 경우, 회사에 대하여 주주권을 행사할 수 있는 자는 주주명부에 기재된 주주인가, 아니면 실질주주인가? 주식을 양수하였으나 명의개서를 하지 아니하여 주주명부에는 양도인이 주주로 기재되어 있는 경우, 회사에 대하여 주주권을 행사할 수 있는 자는 양도인인가, 양수인인가?

대법원 2017. 3. 23. 선고 2015다248342 전원합의체 판결은 "특별한 사정이 없는 한, 주주명부에 적법하게 주주로 기재되어 있는 자는 회사에 대한 관계에서 그 주식에 관한 의결권 등 주주권을 행사할 수 있고, 회사 역시 주주명부상 주주 외에 실제 주식을 인수하거나 양수하고자 하였던 자가 따로 존재한다는 사실을 알았든 몰랐든 간에 주주명부상 주주의 주주권 행사를 부인할 수 없으며, 주주명부에 기재를 마치지 아니한 자의 주주권 행사를 인정할 수도 없다. 주주명부에 기재를 마치지 않고도 회사에 대한 관계에서 주주권을 행사할 수 있는 경우는 주주명부에의 기재 또는 명의개서 청구가 부당하게 지연되거나 거절되었다는 등의 극히 예외적인 사정이 인정되는 경우에 한한다."라고 판단하였다.

　　이 판결을 통하여, 타인의 명의를 빌려 회사의 주식을 인수하고 그 대금을 납입한 경우에 그 타인의 명의로 주주명부에 기재까지 마쳐도 실질주주인 명의차용자만이 회사에 대한 관계에서 주주권을 행사할 수 있는 주주에 해당한다는 취지로 본 판례, 회사는 주식인수 및 양수계약에 따라 주식의 인수대금 또는 양수대금을 모두 납입하였으나 주식의 인수 및 양수에 관하여 상법상 형식적 절차를 이행하지 아니한 자의 주주로서의 지위를 부인할 수 없다고 한 판례, 회사가 명의개서를 하지 아니한 실질주주를 주주로 인정하는 것은 무방하다고 한 판례, 회사가 주주명부상 주주가 형식주주에 불과하다는 것을 알았거나 중대한 과실로 알지 못하였고 또한 이를 용이하게 증명하여 의결권 행사를 거절할 수 있었음에도 의결권 행사를 용인하거나 의결권을 행사하게 한 경우에 그 의결권 행사가 위법하게 된다는 취지로 판시한 판례가 폐기되었다.

　　새로운 법리는 주주명부에 주주로 기재되어 있는 자가 모든 관계에서 주주로 인정된다는 이른바 형식설을 따른 것이 아니다. 주주명부에 적법하게 주주로 기재되어 있는 자는 회사에 대한 관계에서만 그 주식에 관한 주주권을 행사할 수 있고, 그 외의 관계에서는 여전히 실질주주가 주주라는 점을 부정하지 않기 때문이다. 그런데 회사에 대하여 주주권을 행사하려면 주주의 지위에 있음이 전제되어야 하는데, 실질주주가 주주라고 하면서도 어떻게 주주의 지위에 있다고 할 수 없는 주주명부상 주주에게 주주권의 행사를 허용할 수 있느냐는 비판이 가하여진다. 새로운 법리는 주주명부에 설권적 효력을 부여한 것이고, 사실상 입법을 한 것이라고 한다. 이 점에 관한 분명한 답변이 판결에서 제시되었다고 할 수는 없다. 오히려 주식의 소유권 귀속이라는 국면과 주주권 행사의 국면이라는 구분 방식 때문에 이러한 비판을 불러일으킨 측면도 있다. 이 글은 이에 대한 개인적인 답변이다.

2. 주주명부에 주주로 기재되어 있는 자가 주주권을 행사할 수 있는 근거는 무엇인가?

타인 명의로 주주명부에 기재되어 있는 경우는, 주식 명의신탁의 경우와 단순한 차명의 경우로 나누어 볼 수 있다.

주식 명의신탁에 관하여 대법원은 부동산 명의신탁과 마찬가지 법리를 전개하고 있다. 신탁자와 수탁자 사이의 대내적 관계에서는 신탁자가 소유권을 보유하나, 대외적 관계에서는 수탁자에게 소유 명의가 있고 그에게 소유권이 귀속된다(대법원 1989. 10. 24. 선고 88다카15505 판결). 따라서 주식을 인수하거나 양수하려는 자가 타인의 명의를 빌려 회사의 주식을 인수하거나 양수하고 그 타인의 명의로 주주명부에 기재를 마치는 경우, 당사자 사이에 명의신탁 약정이 있다면 대외적 관계에서는 주주명부에 등재된 명의수탁자에게 소유 명의가 있고 그에게 소유권이 귀속된다. 권리관계의 분열이 발생한다. 대외적으로 실질주주는 주주가 아니므로 주주권 행사를 할 수 없다. 실질주주가 아닌 주주명부상 주주는 주주가 아니므로 주주권을 행사할 수 없다는 주장은 타당하지 않은 것이다. 그러므로 대외적 관계인 회사에 대한 관계에서 주주명부에 등재된 명의수탁자가 주주로서 주주권을 행사하는 것은 당연하다. 명의신탁자는 명의신탁을 해지하고 주주명부에 주주로 등재하지 않으면 주주의 지위에 있음을 전제로 주주권을 행사할 수 없다. 결국, 주식 명의신탁의 경우, "주식의 이전은 취득자의 성명과 주소를 주주명부에 기재하지 아니하면 회사에 대항하지 못한다."라는 상법 제337조 제1항은, 명의신탁의 법리에 따른 당연한 결론을 확인한 규정에 불과하다.

   그런데 단순한 차명은 주식의 명의를 타인의 명의로 하는 데에 그치고, 대내적인 관계에서만이 아니라 대외적인 관계에서도 차명을 한 실질주주가 그 주식의 소유권자가 된다는 점에서 명의신탁의 경우와 구분된다고 한다. 단순한 차명의 경우 명의대여자가 임의로 주식을 처분하면 무권리자의 처분이므로 선의취득 등이 인정되지 않는 한 그 처분행위는 무효이다. 반면에, 명의신탁의 경우 대외적 관계에서 명의수탁자가 소유권자로 인정되므로, 명의수탁자가 임의로 신탁된 주식을 처분하더라도 그 처분행위는 유효하다. 이같이 주식 명의신탁과 단순한 차명은 법적 효과에 있어 판이하다. 그러나 그 둘을 분명하게 구분하는 것은 매우 어려운 일이다. 명의신탁 약정은 묵시적으로도 성립할 수 있다. 그 둘을 구분하는 기준이 무엇인지에 관하여 확립된 견해가 없다. 판례의 입장도 혼란 상태에 있는 것으로 보인다. 그런데도 이러한 구분에 따른 실질을 밝혀서 주주권을 행사할 자를 정하겠다고 하는 것은, 주주의 회사법상 지위에 비추어 받아들이기 어렵다. 주식회사의 최고 의사결정 기관인 주주총회의 결의가 이처럼 모호하기 짝이 없는 사후에 밝혀진 차명의 실질에 따라 취소되거나 무효로 될 수 있다고 보아서는 아니 되기 때문이다. 주주명부 자체의 존재 의미를 부정하는 것이기도 하다. 그러므로 단순한 차명의 경우에도 명의신탁의 경우와 마찬가지로, 회사에 대하여 주주권을 행사할 수 있는 자는 주주명부에 기재되어 있는 자라고 보아야 한다. 이 경우에는 상법 제337조 제1항은 명의신탁의 경우와 달리 확인적 규정으로서의 의미를 넘어 법 형성적 규정으로서의 의미가 있다.

　　주식을 양수하였으나 아직 주주명부에 명의개서를 하지 아니하여 주주명부에는 양도인이 주주로 기재되어 있는 경우 또한, 주식 명의신탁이나 단순한 차명의 경우와 달리 볼 만한 이유가 없다. 같은 범주에 속한다고 여겨질 뿐이다. 실질주주가 된 양수인이 드러나지 않고 명의만 보유하고 있는 양도인이 주주명부에 기재된 채로 유지되는 상황은 그와 전혀 다르지 않기 때문이다.

　　한편, 주주명부가 효율적인 사무처리를 위한 수단에 그치는 것이 아니라 부동산 등기처럼 대외적으로 주식의 소유 관계를 표상하는 공시제도라는 관념은 오래전부터 조세법에서 관철되고 있다. 상속세 및 증여세법 제45조의2 제1항은 "권리의 행사에 등기 등이 필요한 재산의 실제 소유자와 명의자가 다른 경우에는 그 명의자로 등기 등을 한 날에 그 재산의 가액을 실제 소유자가 명의자에게 증여한 것으로 본다."라고 규정하고 있다. 명의신탁된 주식의 증여 의제에 관한 근거 규정이다. 이에 따라 주주명부에 주식의 실제 소유자가 아닌 다른 사람 앞으로 명의개서가 되면, 주식의 실질주주가 주주명부상 주주에게 증여한 것으로 보아 증여세가 부과된다(대법원 1993. 4. 27. 선고 93누3103 판결). 하지만 주주명부상 주주가 수증자로서 증여세 납세의무를 부담하여야 하는 종래 상황에서는, 실질주주가 타인의 승낙 없이 그 타인 명의로 주주명부에 등재한 경우라면 주주명부상 주주에게 증여의제를 이유로 증여세를 부과하는 것이 정당화되기 어려웠다(대법원 2008. 2. 14. 선고 2007두15780 판결). 그러나 2018. 12. 31. 개정된 규정에 따라 증여세의 납세의무자가 수증자에서 증여자로 변경되었다. 이로써 특별한 사정이 없는 한 실질주주가 타인의 승낙 없이 그 타인 명의로 주주명부에 등재한 경우에도 증여의제가 되어 증여세가 부과되게 되었고, 증여 의제에 따른 증여세 납세의무의 제재로서의 성격도 강화되었다고 할 수 있다. 이러한 조세법의 개정으로 인하여 주식 명의신탁인지 단순한 차명인지 관계 없이 주주명부에 기재된 자가 회사에 대한 관계에서 주주라는 회사법의 법리와 더욱 일관성을 갖게 되었다고 할 수 있다.

3. 대항력이 갖는 올바른 의미는 무엇인가?

주주명부의 기재가 현행 민법에서 부동산 등기처럼 권리변동의 요건은 아니다. 그러나 주주명부의 기재는 현행 민법 시행 전의 구민법에서 대항요건으로 규정되어 있던 부동산 등기와 유사한 기능을 수행한다. 구민법에서 부동산 물권변동의 경우 물권변동에도 불구하고 대항요건인 등기를 마치지 않았다면 그 대항요건이 적용되는 대외적 관계와 적용되지 않는 대내적 관계 사이에 권리관계의 분열 현상이 생긴다. 대항요건을 갖추지 않은 소유권자는 대외적으로 소유권자가 아니고 그에 따라 소유권을 행사할 수 없다.

채권양도의 경우 채무자 등에 대한 대항요건으로 채무자에 대한 통지나 채무자의 승낙을, 채무자 이외의 제3자에 대한 대항요건으로 확정일자 있는 증서에 의한 통지나 승낙을 규정하고 있다. 채권양도가 있다고 하더라도 채무자나 제3자에게 대항하기 위해서는 규정된 대항요건을 갖추어야만 그 효력을 주장할 수 있다. 채권양도에도 불구하고 채무자에 대한 통지나 채무자의 승낙이라는 대항요건이 갖추어지지 않으면 채권양도계약의 당사자 사이에서는 양수인이 채권자가 되나 채무자 사이에서는 양도인이 여전히 채권자이다. 대항요건이 적용되는 관계와 적용되지 않는 관계 사이에 권리관계의 분열 현상이 생긴다. 대항요건을 갖추지 않은 양수인은 채무자에 대한 관계에서 채권자가 아니므로 양수한 채권을 행사할 수 없다. 나아가 취득한 권리 자체에 영향을 받기도 한다. 먼저 이루어진 채권양도에 따라 채무자에 대한 단순한 통지가 있었다 하더라도 그 후에 이루어진 채권양도에 따라 채무자에 대한 확정일자 있는 증서에 의한 통지가 있게 되면 먼저 이루어진 채권양도의 효력이 부정된다.

권리의 취득이나 행사에 공시제도를 규정하여 대항력을 인정하는 이유는 권리관계의 변동을 대외적으로 분명히 하는 한편 상충하는 이해관계인의 우열을 분명히 함으로써 법적 안정성을 도모하려는 것이다. 대항요건으로 공시제도가 규정되었음에도 그 대항요건을 갖추지 못한 경우 생기는 권리관계의 분열 현상이나 권리변동 효력의 제한은, 주식양도에 의한 주주 지위 변동의 경우에도 마찬가지이다. 공시제도를 전제로 하는 대항력이 갖는 본질적 성격은 달라질 수 없다.

주주의 지위는 주식양도의 방법으로 자유로이 이전할 수 있다. 주식양도가 있으면 주식양도의 효력 발생만으로 주주 지위 변동의 효력이 생긴다. 주식을 양도하려면 주권을 교부하여야 하고(상법 제336조 제1항), 주권이 발행되지 않은 경우에는 지명채권 양도에 관한 일반원칙에 따라 당사자의 의사표시만으로 주식양도의 효력이 발생한다(대법원 1995. 5. 23. 선고 94다36421 판결). 그러나 주식의 이전은 취득자의 성명과 주소를 주주명부에 기재하지 아니하면 회사에 대항하지 못한다(상법 제337조 제1항). 따라서 주식을 양수하였으나 주주명부에 명의개서를 하지 아니하여 여전히 주주명부에는 양도인이 주주로 기재되어 있다면, 회사에 대한 관계에서는 대항요건인 주주명부 기재의 요건을 갖추지 않았으므로, 주주 지위의 변동에도 불구하고 양도인이 주주이고 양수인이 주주인 것은 아니다. 주주명부 기재라는 대항요건이 적용되는 회사에 대한 관계와 적용되지 않는 나머지 관계 사이에 권리관계의 분열 현상이 생긴다. 주주 지위 변동의 효력이 제한되는 것이기도 하다. 회사가 주주 지위 변동 사실을 알고 있는지, 알지 못한 데에 중대한 과실이 있는지에 관계없이 양수인은 주주로 인정될 수 없고 양도인이 주주로 인정될 뿐이다. 물권변동이나 채권양도의 경우와 달리 대항력의 의미를 해석하여야 할 근거가 없다. 주주명부 제도를 규정하고 거기에 대항력을 부여한 이유는 단순히 사무처리의 효율성만을 도모하기 위한 것이 아니다. 회사에 대하여 주주권을 행사할 수 있는 자를 분명하게 정하는 제도를 통하여 회사와 관련된 법률관계의 안정을 도모하려는 것이다.

4. 대항력은 편면적 효력만 있는가?

'회사에 대항하지 못한다'는 문언에 따라 대항력은 주주의 회사에 대한 관계에서는 적용되나 회사의 주주에 대한 관계에서는 적용되지 않는다는 견해도 타당하다고 할 수 없다. 민법 제450조의 지명채권 양도의 대항요건에 관한 규정 역시 "채무자 기타 제3자에게 대항하지 못한다.", "채무자 이외의 제3자에게 대항하지 못한다."라고 규정하고 있다. 대항요건을 규정한 상법, 민법의 규정 중 그러한 방식으로 규정되지 않은 경우가 없다. 그러한 문언만으로 대항력은 편면적 효력을 갖는다고 단정하는 것은 옳지 않다.

대항력은 원래 대항력과 관계되는 당사자 쌍방에게 적용되는 것이지, 한쪽 당사자에게만 적용되는 것이 아니다. 다만, 대항력과 관계되는 당사자 사이의 이해관계에만 영향이 있는 경우라면, 상대방은 대항력 주장의 이익을 포기할 수 있을 따름이다. 지명채권의 양도는 양도인이 채무자에게 통지하거나 채무자가 승낙하지 아니하면 채무자에게 대항하지 못하며, 그 통지나 승낙은 확정일자 있는 증서에 의하지 아니하면 채무자 이외의 제삼자에게 대항하지 못한다(민법 제450조). 채무자는 확정일자 있는 증서에 의한 통지에 따라 이루어진 채권양도가 있음에도, 그 이전에 단순한 통지에 따라 이루어진 채권양도의 효력을 인정할 수 없다. 이같이 이해관계의 대립이 있는 상황이라면 채무자는 대항력 주장의 이익을 포기할 수 없다. 채권을 양수한 제3자 사이에서 권리의 우열을 정하는 역할을 하기 때문이다. 반면에, 채권양도가 있었으나 채무자에 대한 통지도 없고 또 다른 채권양도도 없어 이해관계의 대립이 없는 상황이라면 채무자는 대항력 주장의 이익을 포기하고 채권양도의 효력을 인정할 수 있다. 이는 채권양도에 대한 채무자의 승낙을 뜻하기도 한다.

상법 제337조 제1항은 회사에 대하여 주주권을 행사할 자의 요건을 규정한 것이다. 이는 이해관계가 대립하는 당사자들 사이에서 법적 지위를 획일적으로 확정함으로써 단체법적 질서의 안정적인 형성을 목적으로 한다. 그러므로 상대방인 회사 또한, 대항력에 어긋나는 주주권 행사를 용인하거나 대항력 주장의 이익을 포기할 수 없다고 보아야 한다.

5. 상법 제337조 제1항의 문언에 충실한 해석은 무엇인가?

종래 판례는 주주명부의 대항력을 상법 제337조 제1항의 문언에 맞게 인정하지 않고, 대항력의 의미를 그 문언에 어긋나게 왜곡한 것이다. 주주명부 기재와 달리 실질주주가 따로 존재한다면, 회사는 주주명부에 기재된 주주가 아니라 실질주주를 주주로 인정하여야 했다. 회사가 실질주주를 알고 있다면, 문언과 달리 주주명부 기재의 대항력을 인정할 수 없었다. 그러한 의도였다면 입법자는 상법 제337조 제1항을 "기명주식의 이전은 취득자의 성명과 주소를 주주명부에 기재하지 아니하면 선의인 회사에 대항하지 못한다."라고 규정하였어야 한다. 입법자는 대항력을 선의인 경우에만 인정할지, 선의인지 악의인지를 불문하고 인정할지를 상법에서 매우 분명하게 구분하여 규정하고 있다. 민법도 마찬가지이다. 그런데도 선의인 회사에 대하여서만 대항력을 축소하여 인정하기 위해서는, 문언과 다른 내용으로 법 형성을 할 수밖에 없는 분명한 근거가 논증되어야 한다. 이러한 법 형성은 법 해석의 마지막 수단이기 때문이다.

나아가, 회사가 주주명부상 주주가 형식주주에 불과하다는 것을 알았던 경우뿐만 아니라, 중대한 과실로 알지 못하였고 또한 이를 용이하게 증명하여 의결권 행사를 거절할 수 있었음에도 의결권 행사를 용인하거나 의결권을 행사하게 한 경우에 그 의결권 행사가 위법하게 된다고 보았다. 이는 주주명부 기재의 대항력을 부정하고 추정력만을 인정한 것이기도 하다. 입법자가 주주명부 기재에 추정력만을 부여하고자 하였다면, 상법 제337조 제1항을 "주식의 이전에 따른 취득자의 성명과 주소를 주주명부에 기재하면 적법한 주주로 추정한다."라고 규정하였을 것이다. 바로 앞 조문인 상법 제336조 제2항에서 "주권의 점유자는 이를 적법한 소지인으로 추정한다."라고 규정하였다. 그런데도 그렇게 규정하지 않고 "회사에 대항하지 못한다."라고 달리 규정한 것이 어떻게 설명될 수 있는지 생각해 볼 필요가 있다. 종래 견해는 주주명부의 기재에 대항력이 있다고 인정하면서도 그 대항력의 내용을 추정력의 내용으로 대체하는 해석을 하여 왔을 뿐이다.

6. 소규모 비상장회사에 대하여는 특수성이 인정되어야 하는가?

우리나라 주식회사의 대부분이 소규모의 비상장회사여서 폐쇄회사, 인적회사로서의 실질을 갖고 있다. 그 결과 주주명부의 기재와 관계없이, 회사는 실질상 주주가 누구인지를 잘 알 수 있다. 이러한 사정을 도외시한 채 주주명부에 기재된 자만을 주주로 인정하는 것은 현실을 무시한 해석론이다. 이는 소규모 비상장회사의 특수성을 강조하는 관점에서 새로운 법리에 대하여 하는 비판이다.

그런데 소규모의 비상장회사로 폐쇄회사, 인적회사의 성격이 강한 유한회사의 경우, 상법 제557조는 "지분의 이전은 취득자의 성명, 주소와 그 목적이 되는 출자 좌수를 사원명부에 기재하지 아니하면 이로써 회사와 제삼자에게 대항하지 못한다."라고 규정하고 있다. 주식회사의 주주명부에 상응하는 것이 유한회사의 사원명부이다. 그 대항력이 적용되는 범위를 회사는 물론 제3자에게까지 확장하여 더욱 강화하고 있다. 사원이 누구인가를 투명하게 공시함으로써 회사채권자 등을 보호하려는 조치라고 이해된다. 이 점에서 소규모의 비상장회사로 폐쇄회사, 인적회사의 성격이 강한 주식회사라면, 오히려 주주명부 기재의 투명성에 관한 요청이 더욱 크다고 할 수 있다.

나아가 전형적인 폐쇄회사, 인적회사인 합명회사의 경우, 상법 제180조 제1호 및 제2호, 제183조는 사원의 성명·주민등록번호 및 주소, 사원의 출자의 목적, 재산출자에는 그 가격과 이행한 부분, 그에 관한 변경사항을 등기하여야 한다고 규정하고 있다. 합자회사의 경우, 상법 제271조 제1항은 합명회사의 위와 같은 등기사항 외에, 각 사원의 무한책임 또는 유한책임인 것을 등기하여야 한다고 규정하고 있다. 사원으로서의 책임을 부담하는 자가 누구인지 분명히 하고자 하는 것이다. 이처럼 소규모의 폐쇄회사, 인적회사의 성격이 강할수록 사원 관계를 투명하게 공시할 필요성이 훨씬 크다는 것을 알 수 있다.

특히, 상법 제383조 제4항 내지 제6항은 소규모 주식회사에 대하여 특칙을 규정하고 있다. 이사회의 권한 가운데 중요한 상당 부분을 주주총회에 맡기고 있다. 결국, 소규모 주식회사에서는 주주총회의 구성원인 주주의 역할이 강화되었다. 주주권을 행사할 주주가 주주명부에 의하여 투명하게 관리되어야 할 필요성이 증대된 것이다. 게다가 비상장 소규모 주식회사의 경우 주권이 발행되지 않는 사례가 일반적이라는 사정까지 고려하면, 주주명부만이 주주권을 표상하는 유일한 수단이 되는 경우가 많을 것이다. 주주명부 기재의 대항력이 확고하게 유지되어야 한다.

한편, 상속세 및 증여세법은 주식 명의신탁의 경우, 예외적인 사정이 없는 한, 명의수탁자가 명의신탁자로부터 증여받은 것으로 보아, 최대 50%에 이르는 무거운 증여세를 부과한다. 조세범 처벌법은, 주식 명의신탁 행위를 사정에 따라 사기나 부정한 행위로써 조세를 포탈하는 범죄로 보아 처벌하기도 한다. 법질서 전체의 관점에서 보면 주식 명의신탁이나 차명 행위에 대하여 매우 부정적인 평가를 한 것이다. 그리고 주식 명의신탁이나 차명 행위를 정당화할 만한 합리적인 사정을 생각하기도 어렵다. 그러

므로 주식 명의신탁 행위 자체를 회사법이 정면으로 금지하고 있
지 않다는 점을 새로운 법리에 대한 비판의 근거로서 내세우는
것은 타당하다고 할 수 없다.

7. 대항력의 적용 범위는 어디까지인가?

(1) 주주명부에 주주로 기재되지 않은 이유가 주주명부에의
기재 또는 명의개서 청구가 부당하게 지연되거나 거절된 사정에
서 비롯된 것이라면, 예외적으로 회사에 대하여 주주권을 행사할
수 있다고 보는 것이 당연하다. 이 점은 새로운 법리를 선언하면
서 명시적으로 예외를 인정한 사례이다. 그러나 해석이 필요한
다양한 사례가 있다.

주주명부 기재의 대항력은 주주명부가 적법하게 기재되었을
것을 전제로 한다. 따라서 위법하게 기재된 주주명부에 터 잡아
대항력을 인정할 수 없다. 주권발행 전 주식의 이중양도의 경우,
주주명부의 기재가 적법한지는 대항력 취득의 여부와 우열에 따
라 결정될 수밖에 없을 것이다. 먼저 이루어진 주식양도에 따라
회사에 대한 단순한 통지가 있었다 하더라도 그 후에 이루어진
주식양도에 따라 회사에 대한 확정일자 있는 증서에 의한 통지가
있었다면 회사에 대하여 대항력을 갖게 된 주주는 나중에 이루어
진 주식양도에 따른 양수인이다. 그런데도 먼저 이루어진 주식양
도에 따른 양수인을 주주명부에 주주로 기재하였다면 위법한 것
이 된다.

그리고 실질주주가 명의개서를 청구하거나 주주명부의 위법

한 기재를 바로잡기 위해 명의개서를 청구하는 경우, 주주명부 기재가 실질에 부합하는지와 관련하여 회사와 주주 사이에 의견이 대립하고 주주권의 귀속이 다투어져 실질주주를 확정하여 주주명부를 바로잡고자 하는 경우(대법원 2020. 6. 11. 선고 2017다278385 판결), 대항력의 법리가 적용되지 않는 것은 당연하다.

　(2) 실질주주라고 하더라도 명의개서를 하지 않는 한, 회사에 대하여 주주권을 행사할 수 없다. 따라서 타인의 승낙을 받지 않고 그 타인 명의로 주주명부에 기재하거나 가설인 명의로 주주명부에 기재한 사정으로 사실상 주주권을 행사할 수 없게 되더라도 불가피하다. 주식 양도계약이 무효이거나 취소된 경우와 해제된 경우도 명의개서를 하지 않는 한, 주주권을 행사할 수 없다. 상속, 합병 등으로 주식을 포괄승계한 경우도 마찬가지이다. "주식의 이전은 취득자의 성명과 주소를 주주명부에 기재하지 아니하면 회사에 대항하지 못한다."라고 규정하고 있는 이상, 포괄승계에 의한 이전 사실을 주주명부에 기재하지 않았다면 대항력을 취득할 수 없기 때문이다. 또한, 채무자가 채무담보 목적으로 주식을 채권자에게 양도하여 채권자가 주주명부상 주주로 기재된 경우, 당연히 그 양수인이 주주로서 주주권을 행사할 수 있고 회사 역시 주주명부상 주주인 양수인의 주주권 행사를 부인할 수 없다(대법원 2020. 6. 11.자 2020마5263 결정).

　(3) 주주임을 전제로 소송을 제기할 수 있도록 하거나 권리를 행사하도록 상법에 규정되어 있거나 그렇게 보아야 하는 경우라면, 상법이 달리 규정하고 있지 않은 한 주주명부상 주주만이 그 권리를 행사할 수 있다. 따라서 회사 자체가 아닌 회사 기관인

이사를 상대로 하는 위법행위 유지청구권(제402조)이나 주주대표
소송(제403조)도 주주명부상 주주만이 행사할 수 있다. 지배주주
의 매도청구권(제360조의24)이나 소수주주의 매수청구권(제360조
의25)이 행사되는 경우, 소수주주는 주주명부상 주주를 의미한다.
이사가 고의 또는 중대한 과실로 임무를 게을리하여 제3자에 대
하여 손해배상책임을 부담하는 경우(제401조), 그 제3자가 입은
손해가 주주의 지위에서 발생한 것이라면 그 손해배상 청구 또한
주주명부상 주주만이 할 수 있다고 보아야 한다.

(4) 주주권 행사를 제한하는 상법 규정을 적용하는 경우라
면, 실질주주를 기준으로 판단하여야 한다. 그러한 제한을 회피
하기 위해 대항력을 원용하는 것은 허용될 수 없기 때문이다.

자기주식의 취득금지(제341조)나 의결권 제한(제369조 제2항),
주식의 상호소유 금지(제342조의2)나 의결권 제한(제369조 제3항),
특별 이해관계인의 의결권 제한(제368조 제3항), 이사 등의 자기거
래(제398조 제1호), 감사선임에서 대주주의 의결권 제한(제409조
제2항) 규정을 적용하는 사례가 이에 해당할 것이다.

(5) 주주명부 기재의 대항력이 제3자에 대한 관계에서 규정
되지 않은 이상, 주주명부의 기재는 원칙적으로 제3자에 대한 권
리관계에 영향을 미치지 않는다. 그러나 주주명부상 주주가 명의
신탁의 법리에 의한 명의수탁자로 인정되는 경우라면 대항력 규
정과 관계없이 제3자에 대한 관계에서도 주주명부상 주주가 주식
의 소유권자로 인정된다. 주식 명의신탁 약정이 있는 경우와 단
순한 차명이 있는 경우를 구분하는 일이 쉽지 않다는 점을 고려
하면, 제3자에게 혼란을 준다.

2005년 제정된 일본 회사법은 주권이 발행되지 않은 주식회사의 경우, 주주명부의 기재가 회사에 대한 관계에서만이 아니라 제3자에 대한 관계에서도 대항력의 요건으로 규정되어 있다. 이에 따라 이중양도 등의 경우 주주명부 기재의 선후에 따라 우열이 결정된다. 주권이 발행되었다면 주권의 점유에 의하여 어느 정도 실질주주를 확인할 여지가 있으나, 주권이 발행되지 않았다면 주주명부 외에는 그러한 역할을 할 수단이 도무지 없다는 사정을 고려한 것으로 이해된다.

8. 나가면서

대법원의 새로운 법리를 지지하는 견해도 많으나, 비판적인 견해도 만만치 않다. 주주명부 기재의 대항력을 규정한 상법 제337조 제1항의 문언을 명백하게 벗어나 사실상 입법을 하였다는 주장, 비상장 주식회사가 압도적으로 다수를 차지하는 우리나라의 현실을 직시하지 않고 이상론에 치우쳤다는 주장이 그 비판의 요지이다. 그러나 새로운 해석이 상법 제337조 제1항의 문언을 벗어났다는 비판은 타당하지 않다. 오히려 종래 해석이 문언을 벗어난 해석이다. 새로운 해석을 통하여 비로소 상법 제337조 제1항의 문언에 충실한 해석에 도달하였다. 현실을 고려하지 않은 해석이라는 비판도 적절하지 않다. 입법론으로는 주권이 발행되지 않은 주식회사의 경우, 회사에 대한 관계에서만이 아니라 제3자에 대한 관계에서도 주주명부의 기재가 대항력의 요건으로 규정되는 것이 바람직스럽다고 생각된다.

이상에서 살펴본 것처럼, 명의신탁 법리와 대항력 법리에 따른다면 새로운 법리는 어렵지 않게 수긍할 수 있는 결론이다. 그런데도 왜 지금까지 그러한 법리에 따른 해석을 하지 않고 주식의 경우에는 부동산과는 다른 특유의 법리를 전개한 것인지 그 이유를 제시한 자료를 찾을 수 없었다. 독일이나 일본에서 전개된 학설이나 판례의 영향 아래 유사한 논쟁이 이어져 왔음을 확인할 수 있었을 뿐이다. 그러한 까닭에 개인적인 의견의 피력이 매우 조심스럽기도 하였지만, 가능한 의문의 제기로부터 진리는 더욱 잘 밝혀질 수 있다는 믿음으로 용기를 내어본 것임을 밝히고 싶다.

명의신탁 제도가 우리나라에서는 독일이나 일본에서와 달리 부동산 실권리자명의 등기에 관한 법률에서 무효로 규정하고 있는 사례를 제외하고는 원칙적으로 유효한 것으로 인정되고 있다. 아마도 그러한 우리의 법 현실을 해석에 고려하지 않은 현상이 계속하여 이어져 온 것이 아닐까 생각해 본다. 주식 명의신탁에 관하여는 부동산 명의신탁과 달리 판례의 법리가 명료하게 전개되어 오지 않았다는 점도 하나의 이유가 될 수 있을 것이다. 명의신탁 관계의 법적 효력을 인정하지 않는다면 권리관계의 분열 현상을 긍정하고 대외적 관계에서 명의수탁자가 소유자라는 전제 위에서 법리를 구성하는 것이 가능하지 않다. 그러한 사정 아래에서는 대외적 관계에서도 주식의 소유자는 실질주주라는 관점에서 벗어나 해석론을 전개하기가 쉽지 않을 것이다. 이는 대항력의 의미를 축소하는 해석의 길에 들어서게 하는 실질적 근거로서 작용할 수 있다. 주주임이 분명한 이상 그에게 주주권 행사를

허용하는 것이 옳다는 주장이 상당한 설득력을 지닐 수밖에 없기
때문이다. 종래 우리 판례나 이와 유사한 관점을 고수하고 있는
일본 최고재판소의 태도가 이에 해당할 것이다. 그렇지 않으면
독일 주식법 제67조 제2항과 같이 주주명부에 기재된 자만을 회
사에 대한 관계에서 주주로 본다고 규정하여 주주명부에 확정력
을 부여함으로써 해석론상의 도전을 극복할 수밖에 없을 것이다.

제 2 편

형법

제 4 장   횡령죄의 본질과 횡령행위

1. 들어가면서

횡령죄가 성립하기 위하여는 재물의 보관자와 소유자 사이에 위탁 관계가 있어야 한다. 위탁 관계는 사실상의 관계에 있으면 충분하고, 반드시 계약관계가 있어야 하는 것이 아니다. 위탁관계는 사용대차, 임대차, 위임, 임치 등의 계약에 의하여 발생하는 것이 일반적이나, 사무관리와 같은 법률의 규정, 관습이나 조리 또는 신의성실의 원칙에 의하여 발생할 수도 있다. 횡령죄의 구성요건인 '타인의 재물을 보관하는 자'가 어떤 경우에 인정될 수 있는지에 관한 확립된 법리이다.

이처럼 횡령죄는 위탁 관계를 전제로 성립하는 범죄이므로 배임죄와 마찬가지로 타인에 대한 신임관계를 배반한 범죄로서 본질을 같이 한다고 한다. 횡령죄는 재물을, 배임죄는 재산상 이익을 행위의 객체로 한다는 점에서 구분될 뿐이라고 한다. 이 점에 횡령죄와 배임죄는 법정형도 같다는 점까지 합하여 보면 횡령죄를 배임죄로, 배임죄를 횡령죄로 잘못 인정하였더라도 파기 사유로 삼을 필요는 없다고 한다. 이러한 해석은 횡령죄와 배임죄를 같은 장에 규정한 입법자의 의사에도 일치하는 것이라고 한다.

그런데 이러한 법리는 그 자체로 모순적이고, 실제적인 재판의 결론에 합치되지도 않는다. 이 점을 잘 보여주는 사례가 대법원 2018. 7. 19. 선고 2017도17494 전원합의체 판결이다. 사기범의 거짓말에 속아 제3자의 계좌에 송금한 돈을 사기범의 편취행위를 모르는 그 제3자가 인출한 사안(이하 '사기송금 사안'이라고 한다)이다. 이 경우에 횡령죄가 성립하는지, 횡령죄가 성립한다면 피해자가 송금의뢰인인지, 아니면 사기범인지가 주된 쟁점이다. 이 판결은 횡령죄의 해석에 관한 다양한 의문을 제기하고 있으므로 이를 중심으로 살펴본다.

이어서 횡령죄의 객체가 부동산인 경우, 등기명의자인 명의수탁자를 '타인의 재물을 보관하는 자'라고 하는 이유와 부동산 실권리자명의 등기에 관한 법률(이하 '부동산실명법'이라고 한다)이 금지하는 명의신탁에 해당하면 '타인의 재물을 보관하는 자'라고 하지 않는 이유를 살펴본 다음, 부동산 자체가 아니라 그 가치를 영득하는 행위인 담보권 설정행위를 횡령죄의 구성요건에 포섭하는 것이 잘못인지를 살펴본다. 마지막으로 자동차의 등록명의자가 아니라도 횡령죄의 주체가 될 수 있다고 본 대법원 2015. 6. 25. 선고 2015도1944 전원합의체 판결의 의미를 살펴본다.

2. 위탁 관계가 있어야만 횡령죄는 성립하는가?

(1) 사기범의 거짓말에 속아 제3자의 계좌에 송금한 송금의뢰인과 그 제3자 사이에 위탁 관계가 있으며, 신임관계가 있다고

할 수 있는가? 송금의뢰인은 계좌명의인을 전혀 알지 못하며, 단지 사기범의 거짓말에 속아 계좌명의인에게 돈을 송금하였을 뿐이다.

어떤 예금계좌에 돈이 착오로 잘못 송금되어 입금된 경우 계좌명의인과 송금의뢰인 사이에 별다른 거래 관계가 없다고 하더라도 계좌명의인이 계좌에 입금된 돈을 임의로 인출하여 소비하였다면 횡령죄가 성립한다는 착오송금 사안도 마찬가지이다.

이들 사안에서 송금의뢰인과 계좌명의인 사이에 위탁 관계가 있다고 하기는 어렵다. 따라서 신임관계가 있다고 하기도 어렵다. 그런데도 그들 사이에 위탁 관계가 있다고 보아 횡령죄의 성립을 인정하는 법리는 어떻게 가능한가?

(2) 위탁 관계는 조리나 신의성실의 원칙에 의하여서도 발생할 수 있다는 논리로 정당화하는 것으로 이해된다. 그러나 조리나 신의성실의 원칙에 의하여서도 위탁 관계가 발생할 수 있다는 논리는 실제로 횡령죄의 성립에 위탁 관계가 필요 없다는 것을 뜻한다. 타인의 돈(재물)에 관한 점유를 어떤 경위로 이전받았든 그 돈이 타인의 것이라는 사실을 인식하였음에도 소유자를 배제하고 자기 것처럼 처분하고자 하는 영득의사가 분명하게 표시되면 횡령죄는 성립하고, 돈의 소유자와 점유자 사이에 부가적인 요건으로서 위탁 관계라는 신임관계가 있을 필요는 없기 때문이다.

물론 사용대차, 임대차, 위임, 임치 등의 계약에 의하여 위탁 관계가 발생하였다고 볼 수 있는 사안에서 횡령죄가 성립하는 경우에는 타인에 대한 신임을 위배하는 측면이 있다. 그러나 조리나 신의성실의 원칙에 의하여서도 '타인의 재물을 보관하는 자'라는 지위를 인정하는 이상, 계약에 의한 위탁 관계가 인정되는 경우에 나타나는 신임관계의 측면을 강조하여 횡령죄의 본질을 일반적으로 규정하게 되면, 판례가 도달한 횡령죄에 관한 이해를 어렵게 하고 오히려 혼란을 주게 된다.

횡령죄의 구성요건으로 규정된 '타인의 재물을 보관하는 자'라는 지위는 '사용대차, 임대차, 위임, 임치 등의 계약에 의하여 발생하는 것이 일반적이나, 사무관리와 같은 법률의 규정, 관습이나 조리 또는 신의성실의 원칙에 의하여서도 발생할 수 있다'고 하는 것으로 충분할 것이다. 그런데도 구태여 '위탁 관계'가 있어야 한다는 불필요한 전제를 부가적으로 설정한 데에서 혼란의 근원이 생겨났다고 할 수 있다. 이는 횡령죄도 배임죄와 마찬가지로 타인에 대한 신임을 위배하는 범죄로서의 본질을 갖는다고 전제함에 따라, 횡령죄의 성립에는 신임관계를 발생시키는 위탁관계가 있어야 한다는 생각을 무리하게 관철시킨 결과이다.

(3) 그렇다면 착오송금 사안이나 사기송금 사안에서 조리나 신의성실의 원칙을 근거로 '타인의 재물을 보관하는 자"라는 지위를 인정한 점이 비판받아야 하는가? 그렇지는 않다고 본다. 타인으로부터 금전에 관한 점유나 사실상 지배(점유보조자의 경우를 의미한다. 이하 두 경우를 합하여 '점유'라고만 한다)를 이전받아 '타인의 금전을 점유하는 자'를 '타인의 재물을 보관하는 자'라고 보는 것이 문언의 가능한 의미 범위를 벗어나는 해석이라고 할 수는 없기 때문이다. 확장해석을 통하여 횡령죄의 성립범위를 넓힘으로써 죄형법정주의를 위반한 것이라고 할 수는 없을 것이다. 타인의 재물에 관한 영득의사가 분명하게 나타난 위와 같은 사안

에서 횡령죄를 인정하지 아니하고 그러한 사안의 처벌을 위해서는 별도의 입법이 필요하다고 보는 해석이 더욱 바람직스럽다고 볼 근거는 별로 없어 보인다. 조리나 신의성실의 원칙을 근거로 '타인의 재물을 보관하는 자'라는 지위를 인정하는 해석이 최근에 나타난 것이 아니고 이미 30여 년의 역사를 갖고 있다는 점도 덧붙일 수 있다.

(4) 대법원 1999. 4. 15. 선고 97도666 전원합의체 판결은, 채권양도인이 채권양도 통지를 하기 전에 채무자로부터 채권을 추심하여 금전을 수령한 경우, 이미 채권을 양도하여 그 채권에 관한 한 아무런 권한도 가지지 아니하는 양도인이 수령한 금전은 양도인과 양수인 사이에서 양수인의 소유에 속하므로, 양도인은 이를 양수인을 위하여 보관하는 관계에 있다고 보아야 하므로, 양수인에게 이를 돌려주지 아니하고 처분하였다면 횡령죄가 성립한다고 하였다. 이 사안에서 양도인이 양수인과 사이의 위탁 관계에 따라 채무자로부터 금전을 수령하여 보관한 것이라고 할 수 있는지 의문이다. 양도인은 채무자의 채권자에 대한 채무 변제의 결과로서 금전을 수령하였을 뿐이다. 위탁 관계라는 틀에 맞춰 의제를 하여야 할 이유는 없다. 그래서인지 위 전원합의체 판결은 위탁 관계에 관한 언급을 하지 않고 있다. 양도인은 채권 양도계약에 따라 인정되는 신의칙상, 수령한 금전을 양수인을 위하여 보관하는 자라고 보아야 한다고 하면 충분하다. 그밖에도 조리나 신의칙에 근거하여 보관자 지위를 인정한 여러 판례 사안에서, 이와 유사하게 위탁 관계를 인정하는 것이 어색한 것임을 확인할 수 있다.

(5) 한편, 횡령죄와 점유이탈물횡령죄의 구분을 위하여서도 위탁 관계나 신임관계라는 개념이 필요하지 않다. 점유의 이전이 아니라 점유의 이탈이 있는 타인의 재물을 점유하게 된 자에 대하여 점유이탈물횡령죄가 성립할 수 있을 뿐이다. 점유의 이탈이 있는 재물을 횡령하였음을 전제로 감경적 구성요건인 점유이탈물횡령죄를 독립적으로 규정하였기 때문이다. 그러나 착오에 의해서든 사기 등에 의해서든 점유의 이전에 의하여 타인의 재물을 점유하게 된 자에 대하여는 횡령죄가 성립할 수 있을 뿐이다. 그 경우에는 '점유를 이탈한 재물'을 점유하게 된 자라고는 볼 수 없고, 점유를 이전받아 '타인의 재물을 보관하는 자'라고 할 수 있기 때문이다. 그러므로 착오송금 사안이나 사기송금 사안에서는 점유이탈물횡령죄가 아니라 횡령죄가 성립한다.

(6) 이상에서 살펴본 것처럼, 횡령죄가 배임죄와 마찬가지로 타인에 대한 신임을 위배하는 범죄라고 일반적으로 그 성격을 규정하는 것은 옳다고 할 수 없다. 위탁 관계가 인정되는 경우에만 그러한 성격을 인정할 수 있을 따름이다. 오히려 절도죄가 타인이 점유하는 타인의 재물을 영득하는 경우에 성립하는 범죄라면, 횡령죄는 자기가 점유하는 타인의 재물을 영득하는 경우에 성립하는 범죄로서 대비된다고 일반적으로 성격을 규정하는 것이 타당할 것이다. 이 점에서 우리 형법이 규정한 횡령죄는 위탁 관계가 없는 횡령죄를 기본적 구성요건으로 하고 위탁 관계가 있는 횡령죄를 가중적 구성요건으로 규정한 독일 형법의 두 조항을 포괄하는 구성요건으로서 역할을 하고 있다고 할 수 있다. 설사 입법자가 횡령죄를 배임죄와 마찬가지로 타인에 대한 신임을 위배

하는 범죄로서 의도하였다고 하더라도, 이처럼 현재의 시점에서 판례가 횡령죄에 관하여 도달한 결론은 그렇지 않다는 것이다. 이러한 판례를 잘못된 것으로 비판하거나 되돌려야 할 이유도 없다고 생각한다.

3. 횡령죄의 피해자는 어떻게 판단되어야 하는가?

사기송금 사안에서, 계좌명의인은 사기범과 예금계좌를 빌려주기로 하는 합의가 있었으므로 사기범과 사이에 위탁 관계가 있다고 보아야 하고, 따라서 사기범과 사이에 '재물을 보관하는 자'의 지위에 있다고 보아야 하며, 송금의뢰인과 사이에 그러한 관계에 있다고 볼 수 없다는 관점도 살펴볼 필요가 있다.

(1) '타인의 재물을 보관하는 자'라는 계좌명의인의 지위가 송금의뢰인과 사기범 가운데 누구에 대하여 인정되는지는 예금계좌에 들어온 돈의 권리가 송금의뢰인과 사기범 가운데 누구에게 있느냐에 따라 결정된다. 송금의뢰인의 돈이라면 그의 돈을 보관하는 자의 지위에 있을 수 있을 뿐 사기범의 돈을 보관하는 자의 지위에 있다고 볼 수 없다. 반대로 사기범의 돈이라면 그의 돈을 보관하는 자의 지위에 있을 수 있을 뿐 송금의뢰인의 돈을 보관하는 자의 지위에 있다고 볼 수 없다. 누구에 대하여 재물을 보관하는 자의 지위에 있는지는 그 재물의 소유자가 누구이냐에 따라 결정됨을 알 수 있다.

(2) 사기에 의하여 제3자 명의 계좌로 송금되었다고 하더라도 그 돈이 일률적으로 송금의뢰인의 것이라거나 사기범의 것이

라고 단정할 수 없다. 변제할 의사나 능력이 없는 대출채무자가 은행을 속여 대출금을 제3자 명의 계좌로 송금받았는데 그 제3자가 인출하여 임의로 사용한 경우 그 돈에 관한 권리는 대출채무자에게 있고 은행에게 있지 않다. 따라서 계좌명의인의 인출은 은행에 대한 횡령죄가 아니라 사기범인 대출채무자에 대한 횡령죄가 성립한다. 사기에 의한 의사표시는 취소할 수 있을 뿐 무효가 아니므로 사기 행위에도 불구하고 대출된 돈은 사기범이 취득한 것으로 보아야 하기 때문이다. 취소권이 행사되더라도 반환채무를 부담할 뿐 곧바로 대출금에 관한 권리가 소멸하여 권리자의 변동이 생겨나는 것은 아니다.

이와 달리 사기송금 사안의 경우 법률행위가 개재되지 아니하였다. 송금의뢰인은 단지 "당신 명의로 은행 계좌가 개설되어 범죄에 이용되었다. 명의가 도용된 것 같으니 추가 피해 예방을 위해 금융기관에 있는 돈을 해약하여 금융법률 전문가인 피고인 1에게 송금하면 범죄 연관성을 확인 후 돌려주겠다."라는 사기범의 거짓말에 속아 송금하였을 뿐이다. 거짓말에 속은 송금이라는 사실행위의 결과로서 사기범이 빌린 예금계좌에 돈이 이체된 것이다. 이 경우에는 송금한 돈이 사기범의 사실상 지배 아래에 들어가 그의 처분이 가능한 상태에 놓임으로써 송금의뢰인이 그 돈에 관한 지배 가능성을 침해당하였을 뿐이지, 송금의뢰인이 그 돈에 관한 권리를 상실하거나 사기범이 그 돈에 관한 권리를 취득한 것이 아니다. 이러한 유형의 사안에서는 절도죄에서 절취한 재물의 소유권을 절도범이 취득하는 것이 아니며 피해자가 그 소유권을 상실하지 않는 것과 마찬가지이다. 절취행위는 법률행위가 개재됨이 없이 절취라는 사실행위에 의하여 수행된다는 점에서 공통적임을 알 수 있다. 재산범죄에 의한 재산권 침해가 있으면 언제나 소유권 등의 득실변경이 있다고 단정할 수 있는 것이 아니다.

(3) 여하튼 사기송금 사안의 경우, 송금한 돈의 권리가 사기범이 아니라 송금의뢰인에 있는 이상 계좌명의인은 송금의뢰인의 돈을 보관하는 자의 지위에 있고, 따라서 송금의뢰인에 대하여 횡령죄가 성립할 수 있을 뿐이다. 계좌명의인의 계좌에 송금되어 있던 돈의 권리가 송금의뢰인에게 있었는지, 사기범에게 있었는지를 가려보면 누구에 대한 횡령죄가 성립하는지를 충분히 판단할 수 있다. 그런데도 '위탁 관계'라는 개념을 해석의 도구로 사용함으로써 불필요한 혼란을 가져온다고 할 수 있다. 이 점에서 횡령죄의 해석 도구로서 '위탁 관계'라는 개념을 사용하는 것은 필요하지 않다. 오히려 잘못된 결론으로 이끌 위험이 있다고 할 수 있다. 그리고 사기범에 대한 보관자 지위를 부정하는 논거로서 '횡령죄로 보호할 만한 가치가 있는 위탁 관계'라는 개념을 동원할 필요도 없었던 것으로 생각된다.

4. 예금채권자의 예금인출이 횡령죄에 해당할 수 있는가?

송금의뢰인이 송금한 돈이 계좌명의인의 계좌에 이체되는 순간 계좌명의인이 은행에 대하여 그 금액에 해당하는 예금채권을 취득한 이상 계좌명의인이 그 계좌로부터 이체된 돈을 인출하였다고 하더라도 이는 예금채권자의 예금채무자에 대한 당연한

권리의 행사이므로 횡령죄로 처벌할 수 없는 것은 아닌지 의문이
남는다.

이러한 사안에서 민법은 굳이 일반 동산의 경우처럼 소유권
이 여전히 송금의뢰인에게 있음을 전제로 소유물반환청구권을
인정할 필요성을 느끼지 못한다. 금전이 고도의 가치를 표상하는
성질을 갖는 점에서 보유할 권원이 없는 금전에 관한 부당이득반
환청구권을 인정하면 충분하지 일반 동산과 마찬가지로 반드시
이전된 금전 그 자체의 반환을 인정하여야 할 이유가 없기 때문
이다. 이 같은 민법의 관점에서 바라보면 계좌명의인은 송금의뢰
인에 대하여 이체받은 금액 상당의 부당이득반환의무를 부담하
는 것에 불과하다. 이체된 돈에 관한 권리가 여전히 송금의뢰인
에게 있음을 전제로 횡령죄의 성립을 인정하는 것이 옳지 않다고
할 수도 있다.

그러나 횡령죄의 구성요건으로서 타인의 재물인지를 판단하
는 경우에는 그 실질을 중시하여 마치 금전의 이전을 일반 동산의
이전과 같이 취급한다. 횡령죄의 핵심적인 관심사는 타인의 재물
을 소유자를 배제하고 자기 재물인 것처럼 처분하여 타인의 재물
을 영득하는 행위를 금지하고 처벌하는 데에 있다. 법익 보호라는
형법의 관점은 형평의 실현이라는 민법의 관점과는 그 규범 목적
을 달리한다. 이 점에서 형법상 구성요건에 규정된 개념의 이해가
언제나 민법이 이해하는 개념과 일치할 수 없다는 점도 인정하여
야 한다. 그리하여 계좌명의인의 계좌에 계좌명의인이 처분 권한
을 행사할 수 있는 예금이 이미 존재하여 송금의뢰인이 이체한
금전과 액수로만 구분된다고 하더라도, 그 처분 권한을 행사할

수 있는 범위를 넘어 타인의 금전을 인출하는 데에 이른 것으로 볼 수밖에 없다면 횡령행위가 인정된다. 타인의 재물을 소유자를 배제하고 자기 소유인 것처럼 처분하였다고 볼 수 있기 때문이다. 목적과 용도가 특정되어 보관된 금전을 그 외의 목적이나 용도에 사용한 경우 횡령죄의 성립을 인정하는 법리 또한, 같은 이유에서 나온 해석으로 볼 수 있다. 처분 권한이 주어진 범위를 명백히 벗어나 권한을 행사함으로써 타인의 재물을 소유자를 배제하고 자기 소유인 것처럼 처분하였다고 볼 수 있기 때문이다.

5. 재물에 관하여는 횡령죄만 성립하고 배임죄는 성립할 수 없는가?

회사 대표이사가 회사와 무관한 개인적 소송에 필요한 비용으로 회사자금을 인출하여 사용한 경우 횡령죄가 성립한다. 반면에, 은행 직원이 대출채무자가 제공한 담보가 허위 평가로 과장된 것임을 알면서도 대출을 하여 은행에 손해를 가한 경우 배임죄가 성립한다. 위 두 사례에서 돈이 인출되었다는 점은 마찬가지이다. 그런데도 인출된 돈을 전자의 경우에는 재물로 평가하고, 후자의 경우에는 재산상 이익으로 평가한다.

위와 같은 사례로부터 알 수 있는 것은 처분이 이루어진 사실적 결과물이 재물이냐 재산상 이익이냐는 구분만으로는 횡령죄와 배임죄의 구분을 할 수 없다는 점이다. 전자의 행위는 사무처리자의 권한을 명백히 벗어나 있다. 따라서 회사 사무처리자의 행위로 볼 수 없다. 그 결과 타인의 재물인 회사자금을 보관하는 자가 자기 소유인 것처럼 처분한 것으로 볼 수밖에 없다. 반면에, 후자의 행위는 사무처리에 잘못은 있으나 대출행위가 사무처리 자의 권한에 해당하지 않는다고 할 수는 없다. 은행 사무처리자 의 행위로 볼 수밖에 없다. 이처럼 재물을 관리하는 사무처리자 의 권한 안에서 이루어진 행위는 권한 남용이 있더라도 배임죄로 평가되고, 권한 밖에서 이루어진 행위는 횡령죄로 평가된다. 규 범적 평가에 따라 판단된다고 할 수 있다. 이러한 규범적 평가의 경계선은 모호하다. 그 결과 횡령죄와 배임죄의 구별이라는 점에 서, 의문스러운 판례가 발견되는 것으로 보인다. 횡령죄의 본질 을 월권행위에서 찾는 견해나 배임죄의 본질을 권한 남용에서 찾 는 견해의 타당성을 긍정할 수 없다고 하더라도, 이러한 측면에 서 그 기능과 역할이 남아있음을 확인할 수 있다. 그러나 자기 채 무를 담보하기 위하여 회사를 연대보증인 등으로 세운 경우에는 횡령죄가 성립한다고 할 수 없다. 사무처리의 권한을 명백히 벗 어난 것이라고 할지라도, 재물을 횡령한 것이라고 할 수는 없기 때문이다. 배임죄의 성립을 인정할 수밖에 없다. 횡령죄와 배임 죄가 하나의 기준에 의하여 명료하게 구분되는 것이 아님을 알 수 있다.

　배임죄의 구성요건 문언 자체는 행위의 객체를 '재산상 이익' 이라고 규정하고 있으나, 보호법익은 '전체로서의 재산'이라고 해 석한다. '전체로서의 재산'에는 '재산상 이익'뿐만 아니라 '재물'도 포함된다. '타인의 사무를 처리하는 자'가 임무에 위배하는 행위 를 함으로써 행위자나 제3자가 그 타인의 '재물'을 취득하는 결과 '전체로서의 재산'이 감소하면 배임죄가 성립한다. 그렇다면 배임죄에 규정된 '재산상 이익' 또한 '재물'을 포함하는 '전체로서의 재산'을 의미하는 넓은 개념으로 이해하는 것이 적확(的確)할 것이다. 횡령죄는 '재물'을, 배임죄는 '재산상 이익'을 행위의 객체로한다는 단순한 잣대만으로는 재판 현실을 이해하는 데에 어려움이 있다.

6. 재물의 소유자를 잘못 안 것이 횡령죄의 범의에 영향을 미치는가?

계좌명의인이 이체된 돈의 권리자가 송금의뢰인인지를 제대로 알지 못하고 오히려 권리자를 사기범으로 착각할 수 있는 상황에서 타인의 재물이라는 점에 관한 범의가 있다고 할 수 있는지에 관한 의문도 제기된다.

행위의 객체에 관한 착오의 문제이다. 판례와 학설은 일치하여 행위의 객체에 관한 착오는 범의를 인정하는 데에 영향을 미치지 않는다고 해석한다. 행위자는 타인의 재물이라는 사실을 인식하는 것만으로 충분하고, 구체적으로 누구의 재물인지까지를 인식할 필요는 없다고 본다. 피해자는 사후에 밝혀진 소유자가 누구인지에 따라 결정될 뿐이다. 절도죄에서 타인의 재물을 절취한다는 점만을 인식하면 범의가 인정되고 그 소유자가 누구인지를 인식할 필요가 없다고 보는 해석이 당연한 것처럼 횡령죄에서도 이와 달리 볼 필요는 없다.

그런데 횡령죄를 타인에 대한 신임관계를 위배하는 범죄로해석하고 이에 따라 위탁 관계가 필요하다고 본다면, 구체적인 위탁 관계를 인식하지 못한 경우에는 횡령죄의 범의가 있다고 할 수 없으므로 횡령죄가 성립하지 않는다고 주장할 여지도 생겨난다. 위탁 관계를 구성요건의 충족을 위하여 필요한 요건으로 본다면 그에 관한 범의도 있어야 하기 때문이다. 횡령죄의 구성요건이 '타인의 재물을 보관하는 자'라고 규정되어 있음에도 '위탁 관계에 의하여 타인의 재물을 보관하는 자'라고 해석하여 '위탁 관계'라는 부가적 요건의 충족을 요구하는 경우, 이에 상응하여 범의에 관하여도 왜곡된 해석이 생겨날 수 있음을 확인할 수 있다.

7. 등기명의자가 부동산 횡령의 주체가 되는 이유는 무엇인가?

금전이나 동산을 점유하거나 사실상 지배하는 자(점유보조자)를 '타인의 재물을 보관하는 자'라고 해석하는 것은, 그 금전이나 동산을 타인에게 실효적인 처분을 할 가능성을 갖는다는 점에서 쉽게 수긍이 간다. 마찬가지로 부동산을 점유하는 자를 '타인의 재물을 보관하는 자'라고 할 수 있을까? 횡령행위는 타인 소유인 재물에 관하여 소유자를 배제하고 자기 소유인 것 같이 처분하는 행위이다. 부동산에 관하여 소유자를 배제하고 자기 소유인 것같이 처분할 수 있는 자는 사실상 타인 소유인 부동산에 관하여 자기 명의로 등기가 마쳐져 있는 명의수탁자인 경우이다(대법원 1971. 6. 22. 선고 71도740 전원합의체 판결). 자기 명의로 마쳐진 등기에 터 잡아 제3자에게 소유권을 양도하거나 담보권을 설정하여 주는 등으로 실효적인 처분을 할 가능성을 갖기 때문이다. 이처럼 부동산 명의수탁자를 '타인의 재물을 보관하는 자'라고 해석하는 것 또한, 문언의 가능한 의미 범위를 벗어난 것이라고 할 수는 없을 것이다.

그 결과 자기 명의로 등기가 마쳐져 있지 않은 타인 소유 부동산을 처분하는 행위는 그 부동산에 관한 관리 등의 '사무를 처리하는 자'가 하는 행위로 평가되어 배임죄가 성립할 여지가 있을 뿐이다. 따라서 회사 대표이사가 회사 명의로 등기가 마쳐져 있는 부동산에 관하여 자기 채무를 담보하기 위하여 담보권을 설정한 경우라고 하더라도, 그 부동산을 보관하는 자의 행위라고 볼 수 없으므로, 횡령죄가 성립할 수 없고 배임죄가 성립한다. 사무처리 권한을 명백히 벗어난 것인데도 그 부동산을 보관하는 자라고 할 수 없는 까닭에 사무처리자의 행위로 볼 수밖에 없다. 결국, 행위의 객체가 부동산인 경우, 횡령죄와 배임죄의 구분은 금전이나 동산의 경우와 달리 등기명의자인지가 결정적인 기준으로 작용한다. 그러므로 미성년자의 법정대리인이나 소유자의 위임 등을 받은 배우자 등이 미성년자나 상대방의 부동산을 임의로 처분하였다면 보관자의 지위를 인정하여 횡령죄의 성립을 인정하여야 한다는 견해는 옳다고 할 수 없다. 그러한 경우는 타인의 재산관리에 관한 사무를 타인을 위하여 대행하여 타인의 재산상 이익을 보호, 관리하여야 하는 전형적인 신임관계가 인정되는 경우이다. '타인의 사무를 처리하는 자'로 보아 배임죄의 성립을 인정하여야 한다.

다만, 판례는 등기명의인이라고 하더라도 원인무효인 소유권이전등기의 명의자는 횡령죄의 주체인 타인의 재물을 보관하

는 자에 해당한다고 할 수 없다고 한다(대법원 1987. 2. 10. 선고 86
도1607 판결 등). 원인무효인 소유권이전등기에 터 잡아 제3자에
게 소유권이전등기가 마쳐지더라도 그 제3자는 소유권을 취득할
수 없으므로, 이 경우 등기명의인은 실효적인 처분을 할 지위에
있다고 볼 수 없기 때문으로 이해된다. 반면에, 예외적으로 미등
기 부동산에 관하여는 건축허가명의를 수탁받은 자나 미등기건
물의 관리를 위임받은 자와 같이 그 부동산에 관하여 등기를 마
칠 수 있어 실효적인 처분을 할 지위에 있는 자는 '타인의 재물을
보관하는 자'가 될 수 있다(대법원 1990. 3. 23. 선고 89도1911 판결,
대법원 1993. 3. 9. 선고 92도2999 판결).

8. 부동산 명의수탁자의 처분은 횡령죄에 해당하는가?

부동산 명의신탁에 관하여는 부동산실명법이 제정되어, 예
외적으로 허용된 종중이나 종교단체의 명의신탁 또는 배우자에
대한 명의신탁 등의 사례를 제외하고는 금지되어 있다. 허용된
명의신탁의 경우에 명의수탁자가 신탁받은 부동산에 관하여 임
의로 처분행위를 하였다면 명의신탁자에 대하여 횡령죄가 성립
한다는 점에 의문이 없다. 반면에, 금지된 명의신탁의 경우에는
횡령죄의 성립을 부정한다. 그 근거를 살펴보기로 한다.

계약명의신탁에서 매도인이 명의신탁약정을 알지 못하고 매
매계약을 체결하였다면 부동산실명법에 따라 명의수탁자가 유효
하게 소유권을 취득한다. 매도인이 명의신탁약정을 알면서 매매
계약을 체결하였다면 명의신탁약정과 그에 따른 등기를 무효로

하는 부동산실명법의 규정에 의하여 명의신탁자를 신탁받은 부
동산의 소유자로 볼 수 없다. 그러므로 어느 경우든 명의신탁자
에 대한 관계에서 횡령죄가 성립하지 않는다.

또한, 중간생략등기형 명의신탁에서 명의수탁자가 신탁받은
부동산을 임의로 처분한 사안에서도 대법원 2016. 5. 19. 선고
2014도6992 전원합의체 판결은, 명의신탁자에 대한 관계에서 횡
령죄가 성립하지 아니한다고 판단하였다. 명의신탁약정과 그에
따른 등기를 무효로 하는 부동산실명법의 규정에 의하여 명의신
탁자를 신탁받은 부동산의 소유자로 볼 수 없고 명의수탁자와의
관계에서 사실상 소유자로 볼 여지도 없다는 점을 그 근거로 한
다. 이처럼 명의신탁자를 명의수탁자의 부동산을 보관하는 자의
지위에 있는지를 살펴보는 것만으로 횡령죄의 성립을 부정하는
결론에 충분히 도달할 수 있다. 나아가 위탁 관계나 신임관계가
있다고 할 수 있는지를 살펴볼 필요는 없다. 그런데도 종래 횡령
죄가 성립하려면 위탁 관계나 신임관계가 필요하다고 보아 왔으
므로, 그에 상응하여 형법상 보호할 만한 가치가 있는 위탁 관계나
신임관계가 있다고 할 수 없다는 부가적 판단을 덧붙이고 있다.

한편, 양자 간 명의신탁에서 명의신탁약정과 그에 따른 등기
가 부동산실명법의 규정에 의하여 무효로 된다고 하더라도, 그
부동산 소유자는 명의신탁자로 볼 수밖에 없다. 그리하여 대법원
2019. 6. 20. 선고 2013다218156 전원합의체 판결은, 양자 간 명의
신탁 사안에서 무효인 명의신탁약정에 따라 명의수탁자 명의로
등기를 하였다면, 소유권에 기한 방해제거청구권의 행사로서 무
효인 등기의 말소를 구할 수 있고, 그 청구가 불법원인급여에 해

당함을 이유로 금지되지 않는다고 판단하였다. 명의신탁자의 재산회복의 길을 열어놓았다. 이러한 논리에 따르면 양자 간 명의신탁에서 명의수탁자가 신탁받은 부동산을 임의로 처분하였다면, 타인의 재물을 보관하는 자가 횡령을 한 것이라고 보는 것이 자연스러울 것이다. 부동산실명법에 따른 실체법적 판단만으로는 횡령죄의 성립을 부정할 수 없다.

그러나 대법원 2021. 2. 18. 선고 2016도18761 전원합의체 판결은, 양자 간 명의신탁에서 명의수탁자가 신탁받은 부동산을 임의로 처분하여도 명의신탁자에 대한 관계에서 횡령죄가 성립하지 않는다고 판단하였다. 부동산실명법은 명의신탁약정과 그에 따른 등기를 무효로 규정하고, 이를 위반한 명의신탁 행위를 처벌하는 규정을 두었다. 명의신탁자의 재산회복을 인정하는 외에 횡령죄의 성립까지 인정하게 되면, 명의신탁약정과 그에 따른 등기를 무효로 한다는 부동산실명법의 규정은 사실상 아무런 의미가 없게 된다. 그리고 무엇보다 명의신탁 행위를 처벌하는 규정과 형법 질서 내에서 조화롭게 양립될 수 없다는 형법의 자기모순이 발생한다. 이는 형법상 불법으로 인정하여 금지하고 처벌하는 명의신탁 행위에 기초한 명의신탁자의 소유권 보호를 위하여 형벌을 동원하는 것이 되고, 명의신탁 행위를 정당화하는 것이기 때문이다. 이와 같은 모순적 상황에서 형법 고유의 관점에 근거한 판단이 요구된다. 어느 한쪽의 형벌권 행사는 긍정하고 다른 쪽의 형벌권 행사는 부정하여야 한다. 부동산실명법의 취지를 살리기 위해서는 횡령죄의 성립을 부정할 수밖에 없을 것이다. 아울러 횡령죄 성립을 부정한 다른 명의신탁 사안과의 균형도 고려되어야 한다. 결국, 양자 간 명의신탁에서 형법상 수탁자는 신탁자의 명의신탁된 부동산을 보관하는 자라고 볼 수 없다고 평가하지 않을 수 없다. 이것이 형법 고유의 관점에 기한 규범적 판단이다. 이러한 이유로 법익 보호 수단으로서 형법이 개입할 필요성이 부정된다고 하더라도, 명의신탁자의 재산회복이 허용됨으로써 명의신탁자의 재산권이 지나치게 침해되는 것은 방지된다. 이로써 오히려 위법한 명의신탁 행위에 관하여 형사법상 보호는 거부되고 민사법상 보호는 허용되는 조화로운 법적 보호의 상태가 유지된다고 할 수 있다.

마지막으로, 매도인이 명의신탁약정을 알면서 매매계약을 체결한 계약명의신탁의 경우나 중간생략등기형 명의신탁에서 명의수탁자가 신탁받은 부동산을 임의로 처분하였다면, 매도인에 대한 관계에서 횡령죄가 성립하느냐는 의문이 남는다. 명의신탁약정과 그에 따른 등기를 무효로 하는 부동산실명법의 규정에 따른다면 신탁받은 부동산의 소유자는 여전히 매도인으로 볼 수밖에 없다. 따라서 부동산의 소유자가 누구이냐는 판단만으로는 횡령죄의 성립을 부정할 수 없다. 그러나 매도인은 매수인으로부터 이미 매매대금을 지급받아 그 소유 명의를 회복하는데 실질적인 이해관계가 없다. 소유 명의를 회복하여 매수인인 명의신탁자에게 소유권을 이전하여 주는 역할을 할 수 있다는 의미가 있을 뿐이다. 이 경우 횡령죄의 성립을 인정한다면 결과적으로 형벌을 동원하여 명의신탁자의 소유권을 확보하여 주는 것이다. 그러므로 양자 간 명의신탁에서 횡령죄가 부정된 것과 같은 이유로 횡령죄의 성립이 부정되어야 할 것이다.

9. 담보권 설정행위는 횡령죄에 해당할 수 없는가?

횡령죄의 행위객체가 재물로 규정되어 있음에도 재물 자체가 아니라 재물의 가치를 영득하는 행위를 횡령죄의 구성요건에 포섭하는 것은 잘못된 것이고, 그러한 경우에는 배임죄의 성립을 인정하는 것이 옳다는 의견이 폭넓게 존재한다. 이러한 의견에 따르면 명의수탁자가 신탁받은 부동산을 임의로 양도하였다면 횡령죄가 성립하지만, 그 부동산에 관하여 임의로 담보권을 설정하여 주었다면 배임죄가 성립한다.

그러나 대법원은 두 경우를 구분하지 않고 확고하게 횡령죄의 성립을 인정하여왔다. 부동산을 양도하는 경우이든 그에 관하여 담보권을 설정하는 경우이든, 소유자를 배제하고 자기 소유인 것같이 처분함으로써 불법영득의사를 실현하였다는 점에서 두 경우 모두 횡령행위로 볼 수밖에 없다는 생각이었을 것이다. 부동산 외에도, 동산 양도담보를 설정받은 채권자가 담보목적물인 동산을 타인에게 담보로 제공한 경우(대법원 2007. 6. 14. 선고 2005도7880 판결)나 명의신탁된 주식을 명의수탁자가 타인에게 담보로 제공한 경우(대법원 2012. 12. 27. 선고 2010도12811 판결)에도 횡령죄의 성립을 인정하였다.

그런데 대법원은 명의수탁자가 신탁받은 부동산에 관하여 담보권을 설정하는 행위는 횡령행위에 해당하여 횡령죄가 성립하지만, 횡령죄는 재물 자체에 관하여 성립하는 범죄이므로 명의수탁자가 그 후에 그 부동산을 양도하거나 그 부동산에 관하여 추가적인 담보권을 설정하더라도 이는 이미 횡령한 부동산을 처분

한 것일 뿐이므로 불가벌적 사후행위에 해당한다고 오랫동안 판
단하여왔다.

이러한 판단이 실질적 법 현상에 합치되지 않는다는 고민에
서 나온 판결이 대법원 2013. 2. 21. 선고 2010도10500 전원합의
체 판결이다. 이 판결이 논리의 근거로 삼은 핵심은 횡령죄가 위
험범이라는 점이다. 침해범으로 보아 최초의 근저당권 설정행위
로 재물 전부에 관하여 법익 침해의 결과가 발생하였다고 한다면
그 후의 근저당권 설정행위나 양도행위가 추가적인 법익 침해로
서 따로 법적 평가를 받을 여지가 없어진다. 그렇지만 위험범은
현실적으로 종국적인 법익 침해의 결과에 이르지 않았다면 새로
운 위험이 추가될 수 있다. 근저당권을 설정함으로써 재물 전부
에 관하여 위험이 이미 발생하였더라도 추가적인 근저당권을 설
정하거나 양도를 하면 그 위험을 초과하는 새로운 위험이 재물
전부에 관하여 추가될 수 있기 때문이다. 이같이 추가된 새로운
위험은 그 전에 성립된 범죄에 의하여 평가된 위험을 초과하는
것이므로 불가벌적 사후행위로 포섭할 수 없다는 것이다. 현실적
으로 발생할 가능성은 적지만 부동산에 시가 상당액의 근저당권
이 설정된 상태에서 근저당권이 추가로 설정되었다고 하더라도,
후행 근저당권 설정행위를 횡령죄에 해당한다고 보아야 할 것이
다. 위험은 침해와 달리 현실화되지 않을 수 있다. 선행 근저당권
의 피담보채무를 행위자나 부동산 소유자가 변제하여 그 위험이
소멸할 수 있기 때문이다. 그 경우 후행 근저당권에 의한 위험은
여전히 존속한다. 그리고 부동산 가격은 유동적이어서 후행 근저
당권이 설정된 후 시가의 상승으로 선행 근저당권과 후행 근저당

권의 피담보채무를 담보하고도 남을 수 있다.

한편, 횡령죄는 재물을 대상으로 하는 범죄이므로 담보권 설정행위가 횡령죄에 포섭될 수 없다는 종래의 관점에는 다소간의 오해가 있었던 것 같다. 그 요지는 재물의 가치에 관한 횡령행위를 인정하는 것은 재물을 행위의 객체로 하는 횡령죄의 문언을 벗어나 재산상 이익을 행위의 객체로 삼는 결과가 된다는 것이다. 그러나 행위의 객체와 행위의 태양(態樣)은 구분되어야 한다. 상해죄나 폭행죄는 모두 '사람의 신체'를 행위의 객체로 한다. 행위의 객체를 같이 하지만, 행위의 태양은 질적인 차이를 갖는 상해와 폭행으로 구분된다. 상해와 폭행은 폭력행위라는 더욱 넓은 개념에 포섭될 수 있을 것이다. 마찬가지로 횡령죄의 행위객체는 재물이지만, 횡령행위의 태양으로는 불법영득의사를 실현하는 양도행위와 담보권 설정행위가 모두 포섭될 수 있다. 동산만을 횡령죄의 객체로 삼고 있는 독일에서도 횡령행위를 재물이나 '재물에 내재화된 가치'에 관하여 소유자를 배제하고 자기 소유인 것 같이 처분하는 것으로 해석한다. 이러한 관점에서 바라보면 재물 자체가 아니라 '재물에 내재화된 가치'를 횡령행위의 태양으로 하는 담보권설정의 경우, 그 후 추가적인 담보권설정이나 양도행위가 이루어지면 별개의 횡령죄가 성립한다는 결론이 어렵지 않게 도출될 수 있을 것이다. 이같이 재물의 가치에 관한 횡령행위를 인정하게 되면 횡령죄를 위험범으로 보든 침해범으로 보든 관계없이 재물에 관한 담보권 설정 후의 추가적인 담보권 설정행위나 양도행위를 횡령죄로 인정할 수 있다.

특정경제범죄 가중처벌 등에 관한 법률 제3조 제1항의 적용과 관련하여 형벌은 책임에 비례하는 책임주의 원칙이 실현되도록 정하여져야 한다는 전제에서, 피고인이 근저당권설정등기를 마치는 방법으로 부동산을 횡령함으로 인하여 취득한 구체적인 이득액은 부동산의 시가 상당액이나 그 시가 상당액에서 범행 전에 설정된 근저당권의 피담보채무액을 공제한 잔액이 아니라 부동산을 담보로 제공한 피담보채무액이나 그 채권최고액이라고 보아야 한다(대법원 2013. 5. 9. 선고 2013도2857 판결)고 판단하였다. 이 판결도 '재물에 내재화된 가치' 또한 횡령행위로 포섭된다는 관점에 선다면 당연한 해석이라고 받아들일 수 있을 것이다.

10. 자동차의 등록명의자가 아니라도 횡령죄의 주체가 될 수 있는가?

자동차는 동산이지만 소유권의 득실변경은 자동차등록원부에 등록을 하여야 효력이 생긴다(자동차관리법 제6조). 따라서 일반동산의 경우와 달리 자동차에 대한 점유 여부가 아니라 등록 여부에 의하여 자동차를 제3자에게 법률상 유효하게 처분할 수 있는 권능이 있는지가 결정된다. 그러므로 등록명의자가 아니라면 '타인의 재물을 보관하는 자'로서의 지위에 있다고 할 수 없고, 지입차주나 지입차주로부터 자동차를 임대 또는 전대 받은 자가 지입자동차를 사실상 처분하더라도 횡령죄가 성립하지 않는다는 것이 종래 대법원의 판단이었다(대법원 1978. 10. 10. 선고 78도1714 판결).

그러나 자동차의 동산으로서의 성격으로 인하여 등록명의자가 아닌 자가 자동차를 임의로 처분하는 사례가 많았다. 그리고 그 처분행위가 자동차에 관한 지배권을 사실상 이전하는 역할도 하였다. 이는 자동차의 경우 등록명의 이전을 수반하지 않더라도, 점유의 이전만으로 실효적인 처분의 가능성이 있음을 의미한다. 이러한 현실적 상황을 도외시하면서 횡령죄의 성립을 부정하는 것이 타당한지 의문에 부딪히게 되었다.

결국, 대법원 2015. 6. 25. 선고 2015도1944 전원합의체 판결은 '타인의 재물을 보관하는 자'로서의 지위를 확정하는 기준이 되었던 실효적인 처분 가능성에 관한 판단의 잣대를 변경하였다. 등기(등록)라는 부동산에 관한 기준을 버리고 점유라는 동산에 관한 기준을 선택하였다. 그리하여 대법원은 "소유권의 취득에 등록이 필요한 타인 소유의 차량을 인도받아 보관하고 있는 사람이 이를 사실상 처분하면 횡령죄가 성립하며, 그 보관 위임자나 보관자가 차량의 등록명의자일 필요는 없다. 그리고 이와 같은 법리는 지입회사에 소유권이 있는 차량에 대하여 지입회사로부터 운행관리권을 위임받은 지입차주가 지입회사의 승낙 없이 그 보관 중인 차량을 사실상 처분하거나 지입차주로부터 차량 보관을 위임받은 사람이 지입차주의 승낙 없이 그 보관 중인 차량을 사실상 처분한 경우에도 마찬가지로 적용된다."라고 새로운 법리를 선언하였다. 자동차는 동산이면서 부동산과 같이 등록을 요하는 교차적 성격을 갖는다는 점에서 종래의 해석이나 현재의 해석 모두 가능한 선택지에 있었다. 그렇지만 법익 보호라는 형법의 기능에 합치되고 규범과 현실의 괴리를 메꾸는 해석을 선택하였다는 점에서 대법원의 입장 변경은 찬성할 수 있다.

한편, 지입계약 관계에서 지입회사 운영자가 지입차량에 임의로 저당권을 설정한 경우 횡령죄가 아니라 배임죄의 성립을 긍정한 대법원 2021. 6. 24. 선고 2018도14365 판결은 이러한 판례의 흐름과 정합성을 갖는다. 지입차량이 지입차주가 실질적으로 소유하거나 처분 권한을 가지는 지입차주의 재물이라고 보더라도, '타인의 재물을 보관하는 자'로서의 지위를 확정하는 잣대로 자동차등록원부에의 등록이라는 기준을 버리고 점유라는 기준을 선택한 이상, 지입회사는 '타인의 재물을 보관하는 자'에 해당한다고 할 수 없으므로, 횡령죄가 성립한다고 할 수 없다. 그런데 지입회사는 단순히 지입차주의 재산보전에 협력하여 지입차주의 재산상 이익을 보호, 관리하는 자가 아니라, 지입차주의 재산관리에 관한 사무를 지입차주를 위하여 대행하여 지입차주의 재산을 보호, 관리하는 자라고 보아야 한다. 즉 "지입차주가 자신이 실질적으로 소유하거나 처분 권한을 가지는 자동차에 관하여 지입회사와 지입계약을 체결함으로써 지입회사에게 그 자동차의 소유권등록 명의를 신탁하고 운송사업용 자동차로서 등록 및 그 유지 관련 사무의 대행을 위임한 경우에는, 특별한 사정이 없는 한 지입회사 측이 지입차주의 실질적 재산인 지입차량에 관한 재산상 사무를 일정한 권한을 가지고 맡아 처리하는 것으로서 당사자 관계의 전형적·본질적 내용이 통상의 계약에서의 이익대립 관계를 넘어서 그들 사이의 신임관계에 기초하여 타인의 재산을 보호 또는 관리하는 데에 있으므로, 지입회사 운영자는 지입차주와의 관계에서 '타인의 사무를 처리하는 자'의 지위에 있다." 따라서 지입회사 운영자가 지입차주의 동의 없이 지입차량에 관하여 임의로 저당권을 설정하였다면 배임죄가 성립한다.

제 5 장 배임죄의 본질과 재산상 손해

1. '타인의 사무를 처리하는 자'라는 요건과 '본인에게 손해를 가한 때'라는 요건이 배임죄에서 수행하는 역할

배임죄의 본질은 신임관계에 기초한 타인의 신뢰를 저버리는 행위를 하여 그 타인에게 재산상 손해를 가하는 것이다. 신임관계에 기초한 타인의 신뢰를 저버리는 행위는 배임죄의 구성요건 행위인 '임무에 위배하는 행위'이다. 확립된 판례는 '임무에 위배하는 행위'란 처리하는 사무의 내용, 성질 등 구체적 상황에 비추어 법률의 규정, 계약의 내용 혹은 신의칙상 당연히 할 것으로 기대되는 행위를 하지 않거나 당연히 하지 않아야 할 것으로 기대되는 행위를 함으로써 본인과의 신임관계를 저버리는 일체의 행위를 말한다고 구체화하고 있다.

이러한 해석에 따른다면 모든 계약상 당사자가 부담하는 계약상 의무의 위반도 배임죄가 규정하는 '임무에 위배하는 행위(배임행위)'에 해당한다고 볼 수밖에 없을 것이다. 사법상의 계약위반행위 모두 배임죄의 구성요건에 포섭됨으로써 민사법의 영역을 넘어 동시에 범죄와 형벌이라는 형사법 영역에 놓이게 된다.

이러한 결과가 용인될 수 없음은 긴 설명이 필요 없을 것이다.

여기서 배임죄의 또 다른 구성요건인 '타인의 사무를 처리하는 자'라는 요건과 '본인에게 손해를 가한 때'라는 요건을 어떻게 해석하느냐가 긴요한 문제로 떠오르게 된다. '타인의 사무를 처리하는 자'라는 요건은 사회생활에서 생겨나는 일체의 신임관계가 아니라 형법적 보호가 필요한 강고한 신임관계에 국한하여 배임죄의 성립을 긍정하는 제1차 관문으로서의 역할을 수행한다. '본인에게 손해를 가한 때'라는 요건은 그러한 신임관계에 기초한 배임행위가 있더라도 재산상 손해가 발생할 위험이 없으면 배임죄의 성립을 부정하고, 나아가 재산상 손해가 현실적으로 발생한 경우에 국한하여 배임죄의 기수를 긍정하는 제2차 관문으로서의 역할을 수행한다.

종래 배임죄에 관하여 확립된 판례의 기준은 이러한 역할을 제대로 수행하지 못하였다. 다행스럽게도 최근에 '타인의 사무를 처리하는 자'라는 요건에 관하여는 그 역할에 상응하는 방향으로 나아가고 있으나, '본인에게 손해를 가한 때'라는 요건에 관하여는 가야 할 길이 아득히 멀다.

2. '타인의 사무를 처리하는 자'의 의미

(1) 배임죄가 보호하는 신임관계는 어떤 경우에 인정되는가?

㈎ 종래 배임죄로 보호하는 신임관계는 타인의 재산관리에 관한 사무를 타인을 위하여 대행하여 타인의 재산을 보호, 관리하는 경우뿐만 아니라, 타인의 재산보전에 협력하여 타인의 재산

상 이익을 보호, 관리하는 경우에도 인정된다고 보아왔다. 주식회사와의 위임계약에 의하여 대표이사가, 고용계약이나 근로계약에 의하여 회사 직원이 회사를 대행하여 회사의 재산을 보호, 관리하는 경우가 전자의 전형적인 사례이다. 부동산 매매계약에서 중도금이 지급되는 등 자유롭게 계약의 구속력에서 벗어날 수 없는 단계에 이른 때에는 매도인은 소유권이전등기의무를 이행하여 매수인의 재산보전에 협력함으로써 매수인의 재산상 이익을 보호, 관리할 지위에 있게 된다는 전제에서, 부동산 이중매매의 배임죄 성립을 긍정하는 경우가 후자의 전형적인 사례이다.

(나) 회사는 전적으로 대표이사나 직원에 대한 신임관계에 의지하여 업무를 수행한다고 할 수 있다. 이러한 강고한 신임관계를 기반으로 업무를 수행하는 대표이사나 직원이 회사에 대한 신임관계를 저버리고 자기나 제3자의 재산상 이익을 꾀하는 경우 그들에 대한 감독이나 민사상의 구제수단을 통하여 회사의 재산상 이익을 지켜내는 데에는 한계가 있다. 이 점에서 배임죄라는 형사상 법익 보호 수단을 동원하는 것이 정당화될 수 있다. 그리고 이와 같은 계속적 관계가 아니라 일시적 관계라고 하더라도, 위임 등의 방식으로 타인의 재산관리에 관한 사무를 타인을 위하여 대행하여 타인의 재산을 보호, 관리하는 경우라면 그러한 신임관계를 인정할 수 있다. 당사자 관계의 본질적 내용이 단순한 채권 관계상의 의무를 넘어서 그들 간의 신임관계에 기초하여 타인의 재산을 보호, 관리하는 것임이 인정되어야 타인의 사무를 처리하는 자라고 볼 수 있다는 판시가 이 점을 표현한 것이다.

그러나 부동산 매매계약에서는, 매수인의 대금 지급의무가

매도인으로부터 소유권을 취득하기 위해 그 대가로서 부담하여
야 할 자기 사무인 것과 마찬가지로, 매도인의 소유권이전등기의
무는 매수인으로부터 대금을 지급받기 위해 그 대가로서 부담하
여야 할 자기 사무이다. 매수인이 소유권이전등기를 그 명의로
마치기 위해서는 매도인의 협력이 필요하다고 하여 매도인의 소
유권이전등기의무가 자기 사무로서의 성격을 넘어 매수인의 재
산상 이익을 보호, 관리할 의무로 변화한다고 볼 근거는 없다. 매
도인이 중도금을 일부 지급받았다고 하더라도, 장래 매수인이 나
머지 잔금을 지급하지 아니하는 등의 사유로 계약이 해제될 수도
있는 유동적 상황이므로, 매도인의 소유권이전등기의무는 장래
그 이행을 하여야 할지도 불확실하다. 매도인이 그러한 법적 지
위에 있을 뿐인 매수인의 재산상 이익을 보호, 관리하는 사무를
처리하는 자라고 보는 것은 논리의 비약이라고 할 수밖에 없다.
이처럼 매수인만을 지나치게 보호하는 것은 계약 당사자 사이에
서 균형을 잃은 것이기도 하다. 이러한 사례에서는 타인의 재산
관리에 관한 사무를 타인을 위하여 대행하는 경우와 달리, 근본
적으로 서로 대립하는 이해관계에서 생겨나는 각자의 이익을 각
자가 지켜내야 한다는 요구가 타당하다.

　　㈐ '타인의 사무를 처리하는 자'의 배임행위만이 배임죄의
구성요건으로 규정된 취지를 새겨 보아야 한다. 입법자는 부동산
매매에서와 같은 대립하는 이해관계에서 나타나는 신임관계가
아니라, 타인의 재산관리에 관한 사무를 타인을 위하여 대행하는
강고한 신임관계에서만 배임죄를 인정하여 사적 영역의 지나친
범죄화를 억제하고자 한 것이라고 이해된다. 그렇게 해석할 때에

만 배임죄 규정이 비로소 합헌적 법률의 한계 안에 머무를 수 있다. 타인의 재산보전에 협력하여 타인의 재산상 이익을 보호, 관리하여야 할 신임관계가 인정된다는 명목으로 배임죄의 성립범위를 확장하게 되면, 사실상 모든 계약상의 의무위반행위가 배임죄로 포섭될 수 있기 때문이다. 설사 등기 등 권리변동 절차에 협력할 의무가 있는 경우로 한정하여 그 성립범위를 제한한다고 하더라도, 이는 다른 계약위반의 태양(態樣)과 구별될 만한 실질적인 근거라고 할 수 없다. '타인의 사무'라는 기준을 흐리게 하는 모호하고 임의적인 경계선의 변경일뿐이다. 배임죄의 문언과 취지에 합치되는 해석을 하여야만 문언의 범위를 벗어나는 확장해석이 배제되고 명확성의 원칙을 충족하게 되어 죄형법정주의 원칙에 충실할 수 있다. 따라서 부동산 매매에서와 같은 대립하는 이해관계에서 나타나는 신임관계에 배임죄라는 형사상 법익 보호 수단을 동원하는 것이 정당화될 수 없다. 실제로 매수인의 소유권이전등기 청구권을 지켜내기 위한 수단이 없는 것도 아니다. 오히려 배임죄에 의한 보호로 인하여 다른 수단을 강구할 필요성이 적고, 그에 따라 그러한 수단이 활성화될 여지가 없었다고 할 수도 있을 것이다.

(2) 이중처분에 관한 판례의 변천 경과

㈎ 부동산 이중매매를 배임죄로 인정한 것은 이론적 산물이 아니라 역사적 산물이다. 등기가 소유권 변동의 요건이 아니었던 구민법 시대에는 매매계약만으로 계약 당사자 사이에 소유권 변동이 생긴다. 따라서 매도인이 이중매매를 하면 매수인 소유인

부동산을 처분한 것이 되어 횡령죄가 성립한다. 그러나 현행 민법이 시행됨에 따라 등기가 마쳐지기 전에는 매도된 부동산의 소유권은 여전히 매도인에게 있게 되었다. 이에 따라 거래 현실이 바뀌지 않은 상황에서 중도금 등을 지급받은 매도인의 이중매매로부터 종전과 마찬가지로 매수인을 보호하여야 하는 문제가 제기되었다. 이를 타개하는 방책으로 나온 것이, 매도인의 소유권이전등기의무는 자기 사무인 동시에, 매수인의 재산보전에 협력할 의무로서 타인의 사무에도 해당한다고 볼 수 있다는 우회로의 모색이었다. 부동산 이중매매로부터 매수인을 보호하기 위한 현실적 방책으로 고안된 예외적 해석론은 등기 등 권리변동에 당사자의 협력이 요구되는 유사한 사안에 광범위하게 확장되었다.

그러나 계약 상대방의 재산보전에 협력할 의무가 타인의 사무에 해당할 수 있다는 법리가 얼마나 불안정하고 상대적인 논리에 기초하고 있는지는 양도담보권자의 정산의무 불이행이 배임죄에 해당하는지가 쟁점이 된 대법원 1985. 11. 26. 선고 85도1493 전원합의체 판결의 다수의견과 반대의견을 읽어보면 쉽사리 이해할 수 있다. 다수의견은, "양도담보권자가 변제기 경과 후에 담보권을 실행하여 그 환가대금 또는 평가액을 채권 원리금과 담보권 실행비용 등의 변제에 충당하고 환가대금 또는 평가액의 나머지가 있어 이를 담보제공자에게 반환할 의무는 담보계약에 따라 부담하는 자신의 정산의무이므로 그 의무를 이행하는 사무는 자기의 사무처리에 속하는 것이다."라고 하고 있다. 반면에, 반대의견은, "정산형 양도담보의 담보목적물의 소유권 이전의 법률적 본질이 신탁적 양도임에 틀림이 없는 이상 양도담보권자는 수탁자로서 양도담보 채무자의 위탁(위임)에 의하여 위임된 사무를 성실하게 처리를 할 의무와 상대방의 재산보전에 적극적, 소극적으로 협력하여야 할 의무를 지고 있으며, 그 사무의 처리는 법률행위는 물론 법률행위가 아닌 사실상 사무의 처리도 같이 포함된다고 할 것이고, 그 정산의무는 양도담보권자인 피고인 자신의 사무임과 동시에 신탁자인 양도담보채무자 즉 타인의 사무에도 해당한다."라고 하고 있다.

(내) 계약 상대방의 재산보전에 협력할 의무가 타인의 사무에 해당할 수 있다는 흐름에 처음으로 제동을 건 것이 동산 이중매매는 배임죄에 해당하지 않는다는 대법원 2011. 1. 20. 선고 2008도10479 전원합의체 판결이다. '타인의 사무를 처리하는 자'라고 하려면 당사자 관계의 본질적 내용이 단순한 채권 관계상의 의무를 넘어서 그들 간의 신임관계에 기초하여 타인의 재산을 보호, 관리하는 데 있어야 하고, 그 사무가 타인의 사무가 아니고 자기 사무라면 그 사무 처리가 타인에게 이익이 되어 타인에 대하여 이를 처리할 의무를 부담하는 경우라도 그는 타인의 사무를 처리하는 자에 해당하지 아니한다고 전제한 다음, 동산매매에서 매도인에게 자기 사무인 동산인도 채무 외에 별도로 매수인의 재산을 보호, 관리하는 행위에 협력할 의무가 있다고 할 수 없다고 판단하였다.

이어서 대법원 2014. 8. 21. 선고 2014도3363 전원합의체 판결은, 채무자가 채권자에 대하여 소비대차 등으로 인한 채무를 부담하고 이를 담보하기 위하여 장래에 부동산의 소유권을 이전하기로 하는 내용의 대물변제 예약에서, 그 약정의 내용에 좇은 이행을 하여야 할 채무는 자기 사무에 해당하고 배임죄에서 말하는 신임관계에 기초하여 채권자의 재산을 보호, 관리하여야 하는 '타인의 사무'에 해당한다고 볼 수 없다고 판단하였다.

㈐ 새로운 흐름의 연장선에서 부동산 이중매매도 배임죄에 해당한다고 보아온 판례마저 변경되어야 하는지 판단의 대상이 되었다. 그러나 대법원 2018. 5. 17. 선고 2017도4027 전원합의체 판결은 종래의 판단을 확인하면서 근본적인 태도 전환을 유보하였다. 이처럼 부동산 이중매매가 여전히 배임죄에 해당한다는 대법원의 재확인이 나오자, 이 판결이 새로운 흐름에 제동을 건 것인지, 아니면 부동산 이중매매에 한정하여 예외적인 판단을 한 것인지 의문이 제기되었다.

㈑ 이러한 상황에서 대법원의 태도를 확인할 수 있는 판결이 나왔다. 대법원 2020. 2. 20. 선고 2019도9756 전원합의체 판결은, 채무자가 그 소유의 동산을 채권자에게 양도담보로 제공하였음에도 그 담보물을 타에 처분하더라도 배임죄가 성립하지 않는다고 판단하였다. 이 판례 사안은 점유개정 방식으로 양도담보를 설정함으로써 담보권자가 양도담보권이라는 물권을 취득하였음에도 배임죄의 성립을 부정하였다는 점도 주목된다. 이러한 사안에서는 앞으로 '타인의 권리의 목적이 된 자기의 물건을 취거(取去), 은닉 또는 손괴하여 타인의 권리행사를 방해한' 때에 해당하여 권리행사방해죄가 성립한다고 보게 될 것이다(대법원 2021. 1. 14. 선고 2020도14735 판결). 위 전원합의체 판결의 법리는, 채무자가 동산에 관하여 양도담보설정계약을 체결하여 이를 채권자에게 양도할 의무가 있음에도 제3자에게 처분한 사안과 주식에 관

하여 양도담보설정계약을 체결한 채무자가 제3자에게 해당 주식을 처분한 사안에도 마찬가지로 적용된다고 하여 그 적용 범위를 확장하였다.

이후 대법원은, 주권발행 전 주식의 양도인이 양수인에게 제3자에 대한 대항요건을 갖추어 주지 아니하고 이를 타에 처분한 사안(대법원 2020. 6. 4. 선고 2015도6057 판결), 채무자가 채권자에게 그 소유 부동산에 관하여 저당권을 설정할 의무가 있음에도 제3자에게 먼저 저당권을 설정하거나 담보물을 양도한 사안, 채무자가 양도담보설정계약에 따라 채권자에게 부동산 소유권이전등기를 해 줄 의무가 있음에도 제3자에게 그 부동산을 처분한 사안(대법원 2020. 6. 18. 선고 2019도14340 전원합의체 판결), 채무자가 그 소유 동산을 채권자에게 동산·채권 등의 담보에 관한 법률에 따른 담보로 제공하였음에도 담보물을 제3자에게 처분한 사안(대법원 2020. 8. 27. 선고 2019도14770 전원합의체 판결), 채무자가 자동차 등 특정동산 저당법 등에 따라 그 소유 동산에 관하여 채권자에게 저당권을 설정해 주기로 약정하거나 저당권을 설정하였음에도 담보물을 제3자에게 처분한 사안, 공장 및 광업재단 저당법에 따라 저당권이 설정된 동산을 채무자가 제3자에게 임의로 처분한 사안, 권리이전에 등기·등록을 요하는 동산에 대한 매매계약을 체결한 매도인이 소유권이전등록을 하지 아니하고 타에 처분한 사안(대법원 2020. 10. 22. 선고 2020도6258 전원합의체 판결)에서 일관되게 배임죄의 성립을 부정하였다.

(3) 재고되어야 할 판례들은 어떤 것이 있는가?

㈎ 거듭된 이중처분에 관한 대법원의 판결에 따라 부동산 이중매매에서 배임죄의 성립을 긍정하는 대법원의 태도는 법리에 따른 판단이라기보다는 현실을 고려한 예외적 선택이었다는 점이 분명하여졌다. 매수인 보호를 위한 제도가 갖추어지는 거래현실의 변화가 따른다면 부동산 이중매매에 관한 대법원의 태도에도 더 빨리 변화가 오겠지만, 그렇지 않더라도 그러한 예외적 상황이 영속적으로 유지되기는 어려울 것이다.

한편, 대법원의 일관된 판결의 연장선에서 보면 재고되어야 할 판결이 아직도 남아있다. 주류제조면허의 양도계약을 체결하였음에도 양도인이 면허취소 신청을 하지 않음으로써 양수인이 그 명의로 면허를 받는 것이 어려운 경우에 배임죄가 성립한다는 대법원 1979. 11. 27. 선고 76도3962 전원합의체 판결은 변경되어야 한다. 주류제조 면허를 받은 자가 그 면허를 타인에게 양도한 경우 면허를 취소하도록 규정한 주세법의 규정에 비추어 보아도 배임죄의 성립을 긍정한 위 판결은 납득하기 어렵다. 그리고 명시적인 판단을 한 것으로 보기는 어렵지만, 채권의 이중양도가 있는 경우 배임죄가 성립한다는 취지의 의견이 표시된 대법원 1999. 4. 15. 선고 97도666 전원합의체 판결도 재검토되어야 할 것이다. 또한, 증여자가 수증자에게 증여계약에 따라 부동산 소유권을 이전하지 않고 부동산을 제3자에게 처분하여 등기를 마쳐주었다면 배임죄가 성립한다는 대법원 2018. 12. 13. 선고 2016도19308 판결도 재고되어야 할 것이다. 부동산 증여계약은 무상계

약이라는 점에서 부동산 이중매매의 법리에 따라야 할 이유가 없
다. 이 밖에 타인의 재산보전에 협력할 의무가 있음을 전제로 하
여 '타인의 사무를 처리하는 자'로 보아 배임죄를 인정하여 온 판
례들도 다시 그 타당성이 음미되고 검토되어야 한다.

　(나) 양도담보권자가 채권담보의 목적으로 부동산에 관하여
소유권이전등기나 가등기를 마친 경우 변제기까지는 채무자의
채무변제에 따른 소유명의의 환원을 위하여 그 부동산을 보전할
의무를 부담하므로, 변제기의 도래 전에 이를 처분하거나 본등기
를 마친 경우(대법원 1987. 4. 28. 선고 87도265 판결, 대법원 1976. 9.
14. 선고 76도2069 판결), 변제공탁 사실을 채무자로부터 통고받고
서도 본등기를 마친 경우(대법원 1990. 8. 10. 선고 90도414 판결), 여
러 개의 담보물 중 일부를 처분한 대금만으로 채권 전액을 정산
하고 남았음에도 불구하고 나머지 담보물을 마저 처분한 경우(대
법원 1979. 6. 12. 선고 79도205 판결)에는 배임죄가 성립한다는 판
결들도 재고되어야 한다.

　양도담보권 설정자를 양도담보권자의 사무를 처리하는 자로
보지 않는 것이 옳다면, 양도담보권자도 양도담보권 설정자의 사
무를 처리하는 자로 보지 않는 것이 옳다. 그들은 서로 대립하는
이해관계에 있고, 상대방의 재산상 이익을 보호, 관리하는 사무
를 대행하는 관계에 있다고 볼 수 없기 때문이다. 오히려 이와 같
은 사례에서는 자기 명의로 채권담보를 위하여 소유권이전등기
나 가등기를 마친 양도담보권자는 양도담보권 설정자의 재산을
보관하는 자에 해당한다고 보아 횡령죄의 성립을 인정하는 것이
타당할 것이다. 그렇게 해석하는 것이, 채무이행의 담보를 위하

여 동산에 관한 양도담보 계약을 체결한 경우 그 동산의 소유권은 여전히 채무자에게 남아있고, 채권자는 단지 양도담보물권을 취득하는 데 지나지 않으므로, 채권자가 변제기 전에 점유하게 된 동산을 처분하면 횡령죄가 성립한다는 판례(대법원 1989. 4. 11. 선고 88도906 판결)와도 정합성을 갖는다.

3. '손해를 가한 때'의 의미

(1) 배임죄에서 재산상 손해는 무엇을 의미하는가?

㈎ 절도죄, 강도죄, 사기죄, 공갈죄, 횡령죄는 행위의 결과로서 행위자나 제3자의 재물이나 재산상 이익의 취득만을 구성요건 요소로 규정하고 있을 뿐 피해자에게 손해를 가하였을 것을 구성요건 요소로 규정하고 있지 않다. 반면에, 배임죄는 재산상 이익의 취득 이외에 이로 인하여 본인에게 손해를 가하였을 것을 구성요건 요소로 규정하고 있다. 이 점에서 고유한 특수성을 갖는다. 입법자가 배임죄의 경우에만 유독 '재산상 이익의 취득' 이외에 '재산상 손해'를 구성요건 요소로 따로 규정한 것을 주목하여야 한다.

절도죄, 강도죄, 사기죄, 공갈죄, 횡령죄의 경우 피해자의 재물이나 재산상 이익이 절취행위, 강취행위, 편취행위, 갈취행위, 횡령행위에 의하여 행위자나 제3자에게 이전된다는 점 자체가 재산상 손해로 이해된다. 예컨대, 판례는 사기죄의 성립을 위해서는 피해자에게 현실적으로 재산상 손해가 발생할 필요가 없다고 본다. 피해자가 행위자의 기망으로 의사결정의 자유, 즉 처분의 자유가 침해된 상태에서 개별적인 재물이나 재산상 이익의 처분을 하게 되면, 이러한 처분 자체가 재산상 손해가 되어 피해자의 재산권이 침해된 것으로 본다. 이러한 해석은 사기죄가 행위자나 제3자의 재물이나 재산상 이익의 취득만을 구성요건 요소로 규정하고 피해자의 재산상 손해를 구성요건 요소로 규정하지 않고 있다는 점에 합치된다.

하지만 배임죄가 피해자의 재산상 손해를 구성요건 요소로 규정하고 있는 데에는 절실한 이유가 있다. 배임죄에서도 절도죄, 강도죄, 사기죄, 공갈죄, 횡령죄에서와 같은 기준으로 재산상 손해의 발생을 인정할 경우, 타인의 사무를 처리하는 자가 타인의 재산에 관한 사무를 처리하면서 그 임무에 위배하는 행위(배임행위)를 하면 언제나 배임죄가 성립하게 된다. 절도죄, 강도죄, 사기죄, 공갈죄, 횡령죄와 달리 매우 광범위하고 빈번하게 배임죄가 인정될 수 있다. 이들 모든 배임행위를 배임죄로 처벌한다면 위임관계나 고용(근로)관계에서 타인의 사무를 처리하는 자는 끊임없이 배임죄로 처벌될 위험 속에서 살아가야 할 것이다. 이로부터 현실적인 손해가 발생하거나 발생할 위험이 있는 배임행위만을 처벌하여야 한다는 요구가 생겨난다. 이러한 요구가 반영되어 배임죄의 구성요건 요소로 '재산상 손해'가 규정된 것이다. 이 점에서 '재산상 손해'라는 요건이 '재산상 이익의 취득'이라는 요건보다 배임죄의 본질적인 구성요건이라고 할 수 있다.

이와 같은 이유에서 배임죄의 보호법익을 '전체로서의 재산'으로 이해하고, 타인의 사무를 처리하는 자가 배임행위를 함으로써 전체로서의 재산이 감소하여 본인에게 손해가 발생하거나 발생할 위험이 있어야 배임죄가 성립한다고 보는 것이다. 배임죄에서 재산상 손해가 무엇을 의미하느냐도 이 기본적 관점으로부터 판단하여야 한다. 배임행위라고 볼 수 있는 재산상 행위가 있었다고 하더라도, '전체로서의 재산'의 감소를 초래할 위험이 없다면 배임죄의 성립을 부정하여야 한다. 동일인 대출한도를 초과하여 대출함으로써 새마을금고법을 위반하였다고 하더라도 그 사실만으로 업무상 배임죄가 성립한다고 할 수 없고, 채무상환능력이 부족하거나 제공된 담보의 경제적 가치가 부실해서 대출채권의 회수에 문제가 있는 경우에 재산상 손해 발생의 위험이 있다고 보아 업무상 배임죄가 성립한다고 할 수 있다는 대법원 2008. 6. 19. 선고 2006도4876 전원합의체 판결이 이러한 관점을 분명하게 드러내고 있다.

(ᄂ) 위 전원합의체 판결의 소수의견은, '전체로서의 재산'에 감소를 초래하지 않는다고 하더라도, 배임행위로 인하여 자금이 사업목적에 들어맞게 사용되도록 하는 데에 지장을 초래하였다면 그것만으로도 재산상 손해로 볼 수 있다고 한다. 이러한 관점에 따르면 배임행위가 있으면 일반적으로 재산상 손해의 요건을 충족할 수 있게 된다. 재산상 손해 요건의 의미가 공허해지게 된다. 배임죄의 구성요건 요소인 재산상 손해를 사기죄에서와 마찬가지로 이해하는 것이다. 죄형법정주의에 위반되는 해석이라고 할 수밖에 없다. 재산상 손해의 위험이 없음에도 배임죄를 인정한다면, 배임죄는 '전체로서의 재산'을 보호하는 재산범죄라고 할 수 없다. '임무에 위배하는 행위(배임행위)' 자체를 처벌함으로써 직무 수행의 정당성을 보장하는 직무범죄로 전환된다. 배임행위

는 본인과의 신임관계를 저버리는 일체의 행위를 말하므로, 배임
죄의 성립범위가 매우 넓어지게 되는 것은 당연하다. 배임행위가
있더라도 재산상 손해 발생의 위험이 있는 경우에 국한하여 배임
죄의 성립을 긍정함으로써 배임죄가 사적 자치의 영역에 광범위
하게 개입할 수 있는 여지를 차단하고자 한 취지가 사라지게 된
다. 다시 말하여, 재산상 손해 발생의 요건이 배임죄의 무분별한
적용 가능성을 제어하는 역할을 할 수 없음을 뜻한다. 이러한 해
석에 찬성할 수 없는 이유이다.

  그러한 해석은 법질서 전체의 체계에 비추어보아도 타당하
지 않다. 새마을금고법 제85조 제2항 제5호는 동일인 대출한도를
초과하여 대출한 행위를 3년 이하의 징역이나 3천만 원 이하의
벌금에 처하도록 규정하고 있다. 동일인 대출한도 초과 대출이라
는 배임행위가 있었으나 재산상 손해 발생의 위험이 없다면, 그
배임행위 자체는 위 처벌규정에 따라 처벌하여야 한다. 그런데도
위 새마을금고법의 벌칙 조항에 의하여 처벌하여야 하는 행위를
배임죄로 처벌한다면 구성요건을 잘못 적용하여 무겁게 처벌하
는 것이다.

  (다) 한편 위 전원합의체 판결에서, 다수의견은 신용협동조합
이사장이 동일인 대출한도를 초과하여 대출하거나 비조합원에게
대출한 경우 그 대출금의 회수 가능 여부와 관계없이 업무상 배
임죄가 성립한다고 본 판례나 유사한 취지의 판례들과 조화되지
아니한다는 소수의견의 지적이 있었다. 이러한 판례들의 법리는
피해자의 전체로서의 재산을 보호하는 것이 아니다. 법령 등에
따른 직무의 정당한 수행 자체를 보호하는 것이다. 신용협동조합

법은 동일인 대출한도를 초과하여 대출한 행위를 처벌하는 벌칙조항을 규정하고 있으므로, 배임행위 자체는 위 처벌규정에 따라 처벌하면 충분하다. 그러한 처벌규정이 없는 경우라고 하더라도 징계 등의 절차를 통하여 정당한 직무 수행을 유지하도록 할 수 있다. 그런데도 위 판례들을 폐기하지 않은 것은 매우 유감스러운 일이다. 배임죄 전반에 걸쳐 일반적으로 통용되는 법리로서 선언된 것인지 의문을 남긴 것이다. 반면에, 대법원은 그 후 상호저축은행법을 위반하여 동일인 대출한도를 초과하여 대출한 사안에서, 대출한도 제한규정 위반으로 처벌함은 별론으로 하고, 그 사실만으로 업무상 배임죄가 성립한다고 할 수 없다고 판단하였고(대법원 2011. 8. 18. 선고 2009도7813 판결), 그 이전에도 재산상 손해를 야기한 임무 위배 행위가 동시에 그 손해를 보상할 만한 재산상 이익을 준 경우, 예컨대 그 배임행위로 인한 급부와 반대급부가 상응하고 다른 재산상 손해도 없는 때에는 전체로서의 재산의 감소, 즉 재산상 손해가 있다고 할 수 없다(대법원 2005. 4. 15. 선고 2004도7053 판결)고 판단하기도 하였다. 대법원이 분명한 입장을 정하지 않고 있다고 여겨진다. 그 결과 현실적인 재산상 손해가 발생할 위험이 없는 경우에도 배임죄의 성립을 인정하는 판단이 드물지 않게 나오는 것으로 보인다. 대법원 2008. 6. 19. 선고 2006도4876 전원합의체 판결이 제시한 법리가 배임죄 전반에 걸쳐 일반적으로 통용되는 법리로서 분명하게 확립됨으로써 배임죄의 무분별한 적용이 바로잡히는 날이 조속히 오기를 기대해 본다.

(2) 배임죄의 기수가 되기 위한 요건으로서 재산상 손해의 발생은 어떤 경우에 인정될 수 있는가?

㈎ 타인의 사무를 처리하는 자가 배임행위를 하였다고 하더라도, 재산상 손해 발생의 위험이 부정된다면 실행의 착수도 인정될 수 없어 미수의 성립도 부정하여야 한다. 현실적으로 손해가 발생하였다면 기수가 된다는 점에 관하여도 의문이 없다. 배임행위와 동시에 현실적인 손해가 발생하는 사례도 있지만, 이러한 사례보다는 현실적인 손해가 발생하기까지는 시간이 필요하고 그 발생 여부도 불확실한 경우가 많을 것이다. 여기에서 배임죄 해석의 어려움이 생겨난다.

손해 발생의 위험은 그 정도에 따라 나누어볼 수 있다. 주식회사의 대표이사가 대표권을 남용하여 회사 이름으로 타인의 채무를 연대보증한 경우를 예로 들어 본다. ① 연대보증 당시 주채무자의 변제 능력이 충분하여 연대보증채무가 현실화할 위험이 거의 없거나 작은 경우, ② 연대보증 당시 주채무자의 변제 능력이 없어 연대보증채무가 현실화할 위험이 큰 경우, ③ 연대보증채무의 이행이 확정적인 경우로 나누어 볼 수 있다.

③의 경우 재산상 손해가 현실적으로 발생하지 않은 이상 기수를 인정할 수 없고 미수를 인정하여야 한다는 관점이 있을 수 있다. 문언에 충실한 해석이다. 그러나 이러한 해석은 실질을 외면하고 지나치게 문언에만 집착하는 해석이라는 비판을 벗어나기 어려울 것이다. 이러한 경우에 재산상 실해 발생의 위험, 즉 재산상 손해가 발생한 것과 사실상 같다고 평가될 정도의 위험이

발생하였다면 현실적으로 손해가 발생한 경우와 마찬가지로 보아 기수를 인정하여야 한다는 되풀이되는 판례의 법리가 적용되어도 수긍할 수 있을 것이다.

(나) 그런데 대법원 2017. 7. 20. 선고 2014도1104 전원합의체 판결에 따르면, 상대방이 주식회사 대표이사의 대표권남용 사실을 알지 못하여 그 의무부담행위가 회사에 대하여 유효한 경우에는 회사의 채무가 발생하고 회사는 그 채무를 이행할 의무를 부담하므로, 이러한 채무의 발생은 그 자체로 현실적인 손해 또는 재산상 실해 발생의 위험이라고 할 것이어서 그 채무가 현실적으로 이행되기 전이라도 배임죄의 기수에 이르렀다고 보아야 한다고 한다. 이러한 법리에 따르면, 일단 연대보증채무가 유효하게 발생한 이상, 주채무자가 변제를 하여 연대보증채무가 소멸하게 된 경우에도 배임죄의 기수가 성립한다. 대표이사가 대표권을 남용하여 회사 이름으로 제3자를 위한 담보로 약속어음을 발행한 위 판결의 사안에서, 약속어음 발행행위가 유효하다면, 그 제3자가 원인채무를 이행함으로써 약속어음채무가 소멸하게 된 경우에도 마찬가지로 배임죄의 기수가 성립한다. 결국, ②의 경우는 물론 ①의 경우에도 배임죄의 기수가 성립한다.

의무부담행위가 유효이면 채무가 발생하여 그 채무를 이행할 의무를 부담하므로, 이러한 채무의 발생은 그 자체로 현실적인 손해 또는 재산상 실해 발생의 위험이라고 보아야 한다는 다수의견의 이해는 형법의 관점에서는 옳다고 할 수 없다. 유효인 채무의 부담 자체가 '전체로서의 재산'에 현실적인 손해를 발생시킨 것이라고 할 수 있다는 주장은, 일반론으로는 잘못된 이해가

아니라고 할 수도 있지만, 배임죄에 규정된 손해 발생의 규범적
의미를 간과한 것이기 때문이다. 그렇게 해석하면 피해자의 '전체
로서의 재산'에 현실적인 손해가 발생하지 않았음에도 손해 발생
의 위험만을 근거로 기수를 인정하는 것이다. 일시적으로 재산상
손해 발생의 위험이 있었거나 그러한 위험조차도 사실상 없었다
고 여겨지는 때라도 마찬가지 평가를 하는 것이다. '손해를 가한
때'라는 요건이 '손해를 가할 위험이 있는 때' 또는 '손해를 가할
위험이 배제되지 않는 때'라는 요건으로 법 해석을 통하여 대체
되는 것이다. 명확성의 원칙에 어긋나는 확장해석으로 죄형법정
주의를 위반한 것이다. '손해를 가한 때'라는 요건이 '재산상 손해
발생의 위험'만으로 배임죄의 기수를 인정할 수 없도록 제어하는
역할을 하지 못하는 것이다.

　(다) 연대보증채무나 약속어음채무가 실현되지 않을 것이 확
정적인 경우에, 기수로 인정하는 것은 잘못이다. 나아가 연대보
증채무나 약속어음채무가 실현될지 확정적이지 않은 경우에도
기수로 인정하여서는 안 된다. '의심스러울 때에는 피고인의 이익
으로'(in dubio pro reo) 원칙이 적용되어야 한다. 그러한 해석이
형법의 해석 원칙에 합치하기 때문이다.

　그러므로 배임행위인 의무부담행위가 유효하여 채무가 발생
하였다고 하더라도, 현실적으로 그 채무를 이행하였거나 그 채무
의 이행이 확정적인 경우가 아니라면, 배임죄의 미수가 인정되어
야 한다. 이와 달리 위 전원합의체 판결의 법리에 따르게 되면,
기수의 시점을 지나치게 앞당겨 인식함으로써 책임의 정도에 부
합하지 않는 무거운 기수 책임을 인정한다는 비판을 피할 수 없

다. 그리고 의무부담행위가 유효하여 채무가 발생하였다 하더라도 재산상 손해가 현실화할 위험이 거의 없다면 미수의 성립도 부정되어야 한다.

(3) 배임행위의 유효 여부에 따라 기수 여부를 달리 판단하는 것이 정당화될 수 있는가?

㈎ 위 2014도1104 전원합의체 판결은, 상대방이 대표이사의 대표권남용 사실을 알았거나 알 수 있었던 경우 그 의무부담행위는 원칙적으로 회사에 대하여 효력이 없고, 그 결과 현실적인 손해가 발생하였다거나 실해 발생의 위험이 초래되었다고 평가하기 어려우므로, 달리 그 의무부담행위로 인하여 실제로 채무의 이행이 이루어졌다거나 회사가 민법상 불법행위책임을 부담하게 되었다는 등의 사정이 없는 이상 배임죄의 기수에 이른 것은 아니라고 한다. 그런데 이 경우에도 배임의 범의로 임무위배행위를 함으로써 실행에 착수한 것이므로 배임죄의 미수가 된다고 한다. 의무부담행위가 무효라고 하더라도 재산상 손해 발생의 위험이 있다고 본 것이다. 그러나 유효인 의무부담행위의 경우와 달리, 왜 재산상 손해 발생의 위험만으로는 배임죄의 기수를 인정할 수 없는가 하는 당연한 질문이 뒤를 따를 것이다.

㈏ 상대방이 대표이사의 대표권남용 사실을 알았거나 알 수 있었음에도 의무부담행위를 약정한 경우에는 민사상 상대방을 보호할 필요가 없어 무효로 하는 것일 뿐이다. 상대방이 그러한 사실을 알지 못하고 약정한 경우에 비하여 배임행위의 불법성 정도는 오히려 더욱 무겁다고 볼 수도 있다. 또한, 무효로 보는 강

행법규를 위반한 법률행위나 반사회질서 법률행위에 해당하는 배임행위의 불법성이 그렇지 않은 배임행위보다 훨씬 중하다는 점에 관하여도 의문이 없을 것이다. 그리고 이러한 무효 사유에 해당하는 배임행위라고 하여 유효인 배임행위보다 그 실현 가능성이 크지 않다고 볼 근거는 전혀 없다. 대표권남용 사실을 상대방이 알았거나 알 수 있는 상황임에도, 법률행위가 강행법규에 위반되거나 반사회질서 법률행위에 해당함에도 배임행위를 감행하는 것은 그만큼 절박한 사정에서 이루어진 것이라고 할 수 있다. 발각되지 않는다면 그 실현 가능성이 더욱 크다고 할 수 있을지도 모른다.

그런데도 배임행위가 유효인 경우, 실행의 착수와 동시에 기수가 되지만, 무효인 경우, 실제로 채무의 이행이 이루어졌다거나 불법행위책임을 부담하게 되었다는 등의 사정이 있어야 기수가 된다. 배임행위로 재산상 손해 발생의 위험이 발생하면 그 유효, 무효를 막론하고 실행의 착수가 인정된다. 하지만 배임행위가 유효인 경우라면 현실적인 손해의 발생이 없더라도 그 위험의 발생으로 실행의 착수가 인정됨과 동시에 곧바로 기수에 이르나, 배임행위가 무효인 경우라면 나아가 현실적인 손해의 발생이 있어야 기수에 이른다. 배임행위가 유효라면 민사상 채무가 유효하게 발생하나 무효라면 발생하지 않는다는 민법의 관점이 전제되어 있다. 배임죄에서 손해의 발생 여부는 경제적 실질에 따라 판단하여야 한다는 형법의 관점에 부합하지 않는다. 불법의 정도가 더욱 무거운 배임행위를 하였는데도 그 현실적인 손해가 실현되지 않던 중에 범행이 드러나서 그 무거운 불법을 이유로 더욱 가

벼운 형법적 평가를 받는 것이다. 형법을 해석하면서 형법의 관점을 후퇴시키고 민법의 관점을 전면에 내세운 것이라고 할 수 있다. 균형이 맞지 않는 해석이다. 그러나 의무부담행위가 무효인 경우에 관한 기수 시점의 판단이 잘못된 것이 아니다. 유효인 경우에 관한 기수 시점의 판단이 잘못된 것이다.

　㈐ 위 전원합의체 판결은 이에 그치지 않고 무효인 배임행위라고 하더라도 약속어음 발행의 경우에는 또 다른 예외를 인정한다. 약속어음 발행의 경우 어음법상 발행인은 종전의 소지인에 대한 인적 관계로 인한 항변으로써 소지인에게 대항하지 못하므로, 어음발행이 무효라 하더라도 그 어음이 실제로 제3자에게 유통되었다면 회사로서는 어음채무를 부담할 위험이 구체적·현실적으로 발생하였다고 보아야 하고, 따라서 그 어음채무가 실제로 이행되기 전이라도 배임죄의 기수범이 된다는 것이다. 배임죄는 배임행위의 유효, 무효를 막론하고 성립한다. 배임행위의 유효, 무효와 관계없이 '재산상 손해 발생의 위험'이라는 같은 기준에 따라 미수(실행의 착수)가 인정되는 것같이, 기수의 성립 여부도 '현실적인 손해의 발생'이라는 같은 기준에 따라 인정한다면 생겨나지 않는 혼란이다.

　㈑ 나아가 의무부담행위가 유효인지 무효인지의 구분이 명백한 것도 아니다. 그런데도 의무부담행위의 법적 효력 유무와 배임죄의 기수 여부를 연동하여 판단하게 되면, 형법의 보장적 기능이 심대하게 침해받는다. 의무부담행위의 효력에 관한 민사재판이 확정되어 있지 않다면 배임죄의 성립 여부를 판단하는 형사법원은 해당 의무부담행위의 법적 효력에 관하여 먼저 판단한

다음 배임죄의 성립 여부를 판단할 수밖에 없다. 이 경우 형사재판을 받는 피고인이 유능한 변호인을 내세워 충분한 방어권을 행사할 수 있는지가 배임죄의 미수와 기수를 결정하는 실질적인 역할을 할 수 있다. 형사 사법의 공정성에 관한 의문을 불러올 수 있다. 반면에, 기수의 성립 여부를 '현실적인 손해의 발생'이라는 같은 기준에 따라 인정한다면 이러한 불확실성은 생겨나지 않는다. 그리고 의무부담행위의 법적 효력이 민사재판의 확정을 통해 이루어지더라도 처분권주의와 변론주의가 지배하는 민사재판의 결과를 그 절차는 물론 추구하는 이념 또한 같지 않은 형사재판의 결과에 그대로 반영할 수 있는지도 의문이다. 형사재판에서 유효로 판단된 의무부담행위가 민사재판에서 무효로 확정되는 경우 재심사유로 인정하여야 하는지 등 다른 문제도 파생될 수 있다.

㈒ 배임죄에 관한 독일 형법의 규정과 그에 관한 독일 법원의 해석도 참고할 만하다. 독일 형법은 배임죄의 미수를 규정하지 않고 있다. '손해 발생의 위험'이라는 모호한 기준으로 사적 자치 영역에 형벌권이 과잉되게 개입하는 것을 차단하기 위한 것으로 이해된다. 연방 헌법재판소는, 이러한 입법 취지를 고려하면 배임죄에 규정된 '손해 발생'의 개념을 확장하여 '손해 발생의 위험'의 경우까지를 포섭하도록 해석하는 것은 합헌적인 해석이 될 수 없다고 본다. 이에 따라 연방 일반법원은, 현실적으로 발생한 손해 이외에 '재산의 확정적인 상실에 근접한 위험'만을 손해로 파악한다. 현실적인 손해가 발생하였거나 손해 발생이 확정적인 경우에만 기수로 보는 해석론을 따르더라도, 우리 형법 규정은

독일과 비교하면 대단히 폭이 넓은 형벌권의 개입 가능성을 허용하는 것이다. 독일과 달리 '손해 발생의 위험'을 근거로 미수를 인정할 수 있기 때문이다. 게다가 미수는 임의적 감경 사유에 불과하다.

(4) 배임죄는 위험범인가, 침해범인가?

재산상 손해의 현실적인 발생이 아니라 그 위험만으로 배임죄의 기수를 인정하는 논리는, 배임죄가 횡령죄와 함께 타인에 대한 신임관계를 위배하는 범죄로서 위험범이라는 해석에서 비롯된 것으로 보인다. 그런데 배임행위가 무효라면 위험이 아니라 침해의 결과가 발생하여야 기수를 인정한다. 배임행위가 무효라면 배임죄가 침해범임을 긍정하는 것이다. 현재의 판례 아래에서는 배임죄가 위험범이라고 단정할 수도 없는 것이다.

그러나 횡령죄는 '타인의 재물을 보관하는 자가 그 재물을 횡령하거나 그 반환을 거부한 때'에 성립한다. 즉 불법영득의사를 실현하는 횡령행위가 있으면 그 즉시 기수에 이른다고 해석할 여지가 있다. 반면에, 배임죄는 '타인의 사무를 처리하는 자가 그 임무에 위배하는 행위'를 한 때에 성립하는 것으로 규정하고 있지 않다. 또 다른 요건을 규정하고 있다. 배임행위로 인하여 행위자가 '재산상 이익을 취득하거나 제3자로 하여금 이를 취득하게 하여 본인에게 손해를 가한 때'에 배임죄가 성립하는 것으로 규정하고 있다. 따라서 배임행위로 인하여 행위자가 '재산상 이익을 취득하거나 제3자로 하여금 이를 취득하게 하여 본인에게 손해를 가할 가능성(위험)이 있을 때' 실행의 착수가 인정되어 미수가 성립하고, 배임행위로 인하여 행위자가 '재산상 이익을 취득하거나 제3자로 하여금 이를 취득하게 하여 본인에게 손해를 가한 때' 기수가 성립한다. 즉 배임행위가 있으면 그 즉시 기수에 이르는 것이 아니다. 이 같은 횡령죄 구성요건과 배임죄 구성요건의 분명한 차이를 그대로 긍정하면, 배임죄를 횡령죄와 마찬가지로 위험범으로 이해할 수는 없다. 배임죄는 배임행위가 유효인 경우에도 횡령죄와 달리 침해범으로 해석하여야 한다. 배임죄는 미수가 규정되어 있을 뿐만 아니라 횡령죄와 달리 미수가 성립할 수 있는 공간이 넓다는 점도 또 다른 중요한 논거가 될 수 있다.

제 6 장 사기죄의 본질과 처분의사

1. 들어가면서

사기죄는 타인을 기망하여 착오에 빠뜨리고 그로 인하여 피기망자가 처분행위를 하도록 유발하여 재물 또는 재산상의 이익을 얻음으로써 성립하는 범죄이다. 따라서 사기죄가 성립하려면 행위자의 기망행위, 피기망자의 착오와 그에 따른 처분행위, 그리고 행위자 또는 제3자(이하 행위자라고만 한다)의 재물이나 재산상 이익의 취득이 있고, 그 사이에 순차적인 인과관계가 존재하여야 한다. 그 가운데 구성요건요소로서 처분행위가 수행하는 역할과 기능이 무엇인지, 나아가 처분행위에 상응하는 처분의사를 어떻게 보아야 하는지 종래 분명하고도 깊은 이해가 있었다고 보기는 어렵다. 대법원 2017. 2. 16. 선고 2016도13362 전원합의체 판결은 이에 관한 판단이다.

위 전원합의체 판결은, 사기죄에서 "피기망자가 처분행위의 의미나 내용을 인식하지 못하였다고 하더라도, 피기망자의 작위 또는 부작위가 직접 재산상 손해를 초래하는 재산적 처분행위로 평가되고, 이러한 작위 또는 부작위를 피기망자가 인식하고 한 것이라면 처분행위에 상응하는 처분의사는 인정된다. 다시 말하면 피기망자가 자신의 작위 또는 부작위에 따른 결과까지 인식하여야 처분의사를 인정할 수 있는 것은 아니다."라고 판단하였다. 이에 따라 처분행위가 인정되려면 피기망자에게 처분결과에 대한 인식이 있어야 한다고 한 종래의 법리를 변경하였다.

위 전원합의체 판결이 선고된 후에도 논쟁이 이어지고 있다. 판결에서 충분한 설명을 하였다고 생각하지만, 더욱 자유로운 방식의 설명을 통하여 이해를 돕는 것도 나쁘지 않은 것으로 여겨진다. 처분행위와 처분의사에 관한 논의는 사기죄의 본질과 구조에 관하여 근본적으로 되돌아보게 한다. 사기죄에서 처분행위는 사실행위일 수도 있고, 법률행위일 수도 있다. 작위에 의한 것일 수도 있고, 부작위에 의한 것일 수도 있다. 서명사취 사안에서 문제 되는 처분행위는 작위에 의한 법률행위이다. 시야를 그 범위에 국한하면 오히려 제대로 된 이해에 도달하지 못할 수 있다. 먼저 처분행위가 사실행위인 경우를 살펴보고, 이어서 부작위인 경우를 살펴보려고 한다. 다음으로 책략절도에 관하여 살펴본다. 처분행위는 재물에 관한 사기죄와 절도죄를 구분하는 기능을 수행하는데, 책략절도는 그러한 구분의 경계선에 위치한다. 이어서 처분행위가 법률행위인 서명사취 사안의 경우를 살펴본다. 이러한 과정을 통하여 처분행위의 역할에 어울리는 처분의사의 개념이 무엇인지를 확인할 수 있을 것이다.

한편, 위 전원합의체 판결에서 서명사취 행위가 사기로 인정된다면 그 기수시기가 언제인지에 관한 문제 제기가 있었으나, 직접적인 쟁점이 아니므로 다수의견의 판시내용에서 제외되었다.

이 점에 관하여 살펴보아야 할 필요성을 느낀다. 이는 소송사기에서 기수 시기가 언제 인정되어야 하는지의 문제와도 관련이 있으므로 함께 보기로 한다. 마지막으로, 사기죄에서 인정되는 재산상 손해의 개념이 배임죄에서 인정되는 재산상 손해의 개념과 다른 이유가 사기죄와 배임죄의 본질에서 비롯되는 것임을 확인하면서, 그 손해 개념에 대응한다고 할 수 있는 특정경제범죄 가중처벌 등에 관한 법률 제3조 제1항이 규정하고 있는 편취한 재물 또는 재산상 이익의 가액, 즉 이득액이 어떻게 평가되어야 하는지, 그리고 위 조항이 갖는 근본적인 문제점도 살펴본다.

2. 사실행위에 의한 편취의 경우, 처분행위와 처분의사의 의미

행위자가 피기망자에게 전화하여 검사를 사칭하면서 "당신 명의로 은행 계좌가 개설되어 범죄에 이용되었다. 명의가 도용된 것 같으니 추가 피해 예방을 위해 금융기관에 있는 돈을 해약하여 금융법률 전문가인 甲의 계좌로 송금하면 범죄 연관성을 확인 후 돌려주겠다."라고 거짓말을 하였고, 이에 속은 피기망자가 그 계좌로 송금함으로써 사기죄의 기수가 인정되는 사안(대법원 2018. 7. 19. 선고 2017도17494 전원합의체 판결 사안이다)을 예로 들어 본다.

이 사안에서 피기망자는 송금한 돈에 관한 점유를 사기범에게 이전하였고 그 사실을 인식하였을 뿐이다. 그러나 피기망자는 송금행위의 의미와 내용을 알지 못하였기 때문에, 처분행위의 결

과만이 아니라 처분행위를 한다는 사실도 인식하였다고 할 수 없
다. 피기망자는 돈에 관한 점유의 이전을 가져오는 자연적 행위
인 송금행위를 인식하였을 뿐이다. 그런데도 자연적 행위인 송금
행위를 처분행위가 아니라고 할 수는 없다. 그리고 자연적 행위
인 송금행위를 인식하였을 뿐인 피기망자에게 처분의사가 없었
다고 할 수도 없다. 결국, 처분행위는 직접 행위자의 재물이나 재
산상 이익의 취득을 가져오는 피기망자의 자연적 행위를 뜻한다.
처분의사는 그러한 자연적 행위를 피기망자가 인식하였다는 것
을 뜻한다. 이러한 처분행위와 처분의사가 있다면, 행위자의 재
물이나 재산상 이익의 취득이 피기망자의 처분행위로 초래되었
다고 인정하는 데에 아무런 지장이 없다. 이와 달리, 처분행위의
의미나 내용을 제대로 인식함으로써 처분행위의 결과까지 인식
할 것을 요구한다면, 오히려 위 사안에서 사기죄의 성립을 부정
하여야 한다.

　　피기망자 소유인 물건을 자기 것이라고 거짓말하여 피기망
자로부터 교부 받은 사례를 본다. 피기망자는 그가 점유하던 물
건에 관한 점유를 행위자에게 이전하였고, 그 사실에 관한 피기
망자의 인식은 있다. 그러나 물건의 소유권이 행위자가 아니라
피기망자에게 있다는 사실에 관한 인식은 없다. 그리하여 피기망
자는 교부행위의 의미나 내용을 인식하지 못하였고, 교부행위의
결과도 인식하지 못한 것이다. 그런데도 처분행위와 처분의사가
인정되어 사기죄가 성립한다. 처분의 결과를 가져온 자연적 행위
인 물건의 교부가 있었다는 사실만으로 처분행위가 인정되고, 그
에 관한 인식이 있었던 이상 처분의사도 인정된다. 피기망자가

비록 처분행위의 의미나 내용을 알지 못하여 그 결과를 인식하지 못하였다고 하더라도, 행위자의 재물의 취득이 피기망자의 행위로부터 직접 초래되었다는 점을 부정할 수 없기 때문이다.

3. 부작위에 의한 편취의 경우, 처분행위와 처분의사의 의미

행위자가 실제 출판 부수를 속일 의도로 출판 부수의 1/3 정도만 기재한 출고현황표를 피기망자에게 송부함으로써 그 출고현황표에 기재된 부수가 실제 출판 부수에 해당한다고 믿게 한 다음, 실제 출판 부수의 1/3 정도에 해당하는 인세만을 지급하고 그 차액을 지급하지 않은 사안(대법원 2007. 7. 12. 선고 2005도9221 판결 사안이다)에서, 사기죄의 성립이 인정되었다.

행위자가 제시한 출고현황표가 사실인 것으로 믿고 피기망자가 아무런 이의를 하지 않는 등 부작위에 의하여 행위자는 실제 출판 부수와의 차이에 해당하는 인세 지급의무를 면함으로써 재산상 이익을 얻었다. 피기망자는 행위자가 실제 출판 부수를 알려주지 아니하여 행위자의 조치에 아무런 이의를 할 수 없었다. 행위자의 언동을 그대로 받아들였고, 그러한 상황에 관한 인식이 있을 뿐이다. 피기망자의 처분행위는 그러한 상황에서의 부작위이다. 따라서 피기망자는 그 부작위의 의미나 내용을 알 수 없었고, 따라서 그 부작위의 결과도 알 수 없었다. 그렇다 하더라도 피기망자의 부작위가 행위자의 재산상 이익 취득의 직접적 원인이 된 이상 피기망자의 부작위는 처분행위로 평가된다.

그리고 그 부작위 상황을 인식하고 있었던 이상 처분의사도 인정된다. 결국, 행위자의 재산상 이익을 가져온 피기망자의 부작위라는 자연적 행위가 처분행위로 인정되고, 그 부작위에 관한 인식이 처분의사가 됨을 알 수 있다.

4. '책략절도'의 경우, 처분행위와 처분의사의 역할

피기망자의 처분행위의 결과로서 행위자가 재물을 취득하였다면 사기죄가 성립한다. 반면에, 행위자의 취거(取去)행위의 결과로서 행위자가 재물을 취득하였다면 절도죄가 성립한다. 달리 말하면, 재물에 관한 점유나 사실적 지배의 이전이 피기망자에 의하여 이루어졌으면 사기죄가 성립하고, 행위자에 의하여 이루어졌으면 절도죄가 성립한다.

귀금속을 구입할 것처럼 건네받은 다음 그 물건을 가지고 도주하는 '책략절도'의 경우, 피기망자에 의한 점유나 사실적 지배의 이전이 있다고 할 수 없다. 물건을 살펴보도록 넘겨주는 행위는 그에 관한 점유나 사실적 지배를 이전하는 행위가 아니다. 건네받은 물건을 가지고 도주한 행위자에 의하여 그에 관한 점유나 사실적 지배의 이전이 생긴 것이다. 결국, '책략절도'의 경우 피기망자의 점유나 사실적 지배 관계의 이전이 없으므로, 피기망자의 처분행위가 있다고 할 수 없다. 그러므로 사기죄가 성립하지 않고 절도죄가 성립한다. 반면에, 피기망자 소유인 물건을 자기 것이라고 거짓말하여 피기망자로부터 교부 받은 사례에서는 사기죄가 인정된다. 비록 피기망자가 교부행위의 의미나 내용을 인식하지 못하여 교부행위의 결과를 제대로 인식하지 못하였다 하더라도, 그가 점유하던 물건에 관한 점유나 사실적 지배를 행위자에게 이전하였기 때문이다.

점유나 사실적 지배 관계의 이전을 인정하기 위해서는 민법이론에 따르더라도 그에 상응하는 점유나 사실적 지배를 이전하려는 의사가 있는 것으로 충분하다. 그런데 '책략절도'의 경우 재물에 관한 점유나 사실적 지배를 피기망자로부터 행위자에게 이전하고자 하는 피기망자의 의사가 없다. 사기죄와 절도죄를 구분하는 표지로서 피기망자의 처분행위가 있느냐가 기준이 되고 그에 상응하는 처분의사가 필요하다고 보더라도, 이러한 재물에 관한 점유나 사실적 지배를 피기망자로부터 행위자에게 이전하고자 하는 피기망자의 의사가 있느냐의 점만이 의미 있을 뿐이다. 처분의사의 인정에는 이러한 범위를 넘어선 피기망자의 인식이 필요 없다. 따라서 재물에 관한 점유나 사실적 지배를 이전하고자 하는 피기망자의 의사가 없다는 확인만으로 처분행위는 부정된다. 나아가 피기망자가 교부행위의 의미나 내용을 인식하여 그에 따른 결과까지 제대로 인식하였는지를 살펴볼 필요는 없는 것이다. '책략절도'의 경우, 재물에 관한 점유나 사실적 지배를 이전하고자 하는 의사는 피기망자가 아니라 행위자에게만 있다. 이에 따라 피기망자의 처분행위는 있다고 할 수 없고, 행위자의 처분행위만이 있다고 할 수 있다. 그러므로 피기망자가 처분행위에 따른 결과까지 온전하게 인식하여야 처분의사가 인정될 수 있고, 그러한 처분의사를 기준으로 삼을 때에만 '책략절도'를 사기죄로부터 구분해낼 수 있다는 주장은 옳다고 할 수 없다.

5. 법률행위에 의한 편취의 경우, 처분행위와 처분의사의 의미

대법원 2017. 2. 16. 선고 2016도13362 전원합의체 판결 사안으로 돌아가 본다. 행위자의 기망행위로 피해자가 착오에 빠진 결과 토지거래허가 등에 필요한 서류로 잘못 알고 처분문서인 근저당권설정계약서 등에 서명 또는 날인하여 행위자에게 교부한 사안이다.

이 사안에서 근저당권설정등기를 가져온 행위는 근저당권설정계약서 등에 서명 또는 날인한 피기망자의 행위이다. 하지만 피기망자가 서명 또는 날인한 행위의 결과, 즉 자기 소유 부동산에 관하여 근저당권이 설정된다는 결과를 인식한 것은 아니다. 다만, 토지거래허가 등에 필요한 서류에 서명 또는 날인 하는 것이라는 사실에 관한 인식이 있을 뿐이다. 그러나 피기망자가 근저당권설정계약서 등이라는 사실을 모르고 서명 또는 날인 하였다고 하더라도, 그 서명 또는 날인 행위가 피기망자의 행위라는 점은 분명하다. 그런데 이러한 서명 또는 날인 행위를 통하여 근저당권설정계약서 등이 피기망자가 작성한 문서로 평가된다. 결국, 피기망자 소유 부동산에 관한 근저당권설정의 원인은 피기망자의 서명 또는 날인 행위라는 자연적 행위이다. 근저당권설정이라는 처분결과를 초래한 처분행위는 피기망자가 한 것이라고 볼 수밖에 없다.

그러므로 "피기망자가 행위자의 기망행위로 인하여 착오에 빠진 결과 내심의 의사와 다른 효과를 발생시키는 내용의 처분문서에 서명 또는 날인함으로써 처분문서의 내용에 따른 재산상 손해가 초래되었다면 그와 같은 처분문서에 서명 또는 날인을 한 피기망자의 행위는 사기죄에서 말하는 처분행위에 해당한다. 아울러 비록 피기망자가 처분결과, 즉 문서의 구체적 내용과 그 법적 효과를 미처 인식하지 못하였다고 하더라도, 어떤 문서에 스스로 서명 또는 날인함으로써 그 처분문서에 서명 또는 날인하는 행위에 관한 인식이 있었던 이상 피기망자의 처분의사 역시 인정된다."

이와 같은 전원합의체 판결의 법리는, 그 사안의 특수성을 고려하여 돌발적으로 나타난 이해가 결코 아니다. 앞서 살펴본 것처럼, 이미 사기죄 일반에 자리 잡고 있던 처분행위와 처분의사의 올바른 의미를 밝힌 것이고, 서명사취 사안에 관한 종래의 잘못된 이해를 바로잡은 것일 따름이다. 그리고 이로써 처분행위와 처분의사의 의미가 사실행위이든, 법률행위이든, 또는 작위에 의한 것이든, 부작위에 의한 것이든 같은 개념 안에서 이해할 수 있게 되었다.

6. 사기죄에서 처분행위와 처분의사의 의미는 무엇인가?

처분의사에 관한 새로운 법리가 사기죄의 본질을 반영한 일반적인 이해라는 점을 유념하여야 한다. 서명사취 사안에 국한된 예외적인 법리로 오해하여서는 아니 된다. 사기죄에서 처분행위는, 행위자가 취득한 재물이나 재산상 이익이 피기망자의 '어떤 행위'에서 직접 초래된 것으로 인정될 때, 그러한 처분의 결과를 가져온 그 '어떤 행위'를 지칭(指稱)하는 말이다. 피기망자의 '어떤 행위' 자체가 반드시 행위자의 재물이나 재산상 이익의 취득을 위한 '처분'으로서의 성격을 가져야 할 필요는 없다. 피기망자는 그 '어떤 행위'를 인식하는 것으로 충분하다. 따라서 피기망자가 '어떤 행위(처분)'의 의미나 내용을 인식하여야 하는 것이 아니다. 행위자의 재물이나 재산상 이익의 취득을 가져온 '어떤 행위', 즉 자연적 행위 그 자체를 인식하는 것으로 충분하다. 그러므로 피기망자는 '어떤 행위(처분)'의 결과를 인식하여야 한다고 할 수 없다. 처분의사는 재산상 처분의 결과를 가져온 행위를 행위자가 아니라 피기망자가 하였다는 사실을 확인하는 의미를 넘어서지 않는다. 피기망자의 처분행위가 있다고 하기 위해서 처분의사가 있어야 한다는 의미는 그렇게 큰 의미를 갖는 것이 아니다. 무의식 상태에서 이루어진 행위나 의사무능력자의 행위 정도를 피기망자의 처분행위에서 제외함으로써 절도죄와 사기죄를 구분하는 소극적 역할을 하는 것에 그친다. 처분행위나 처분의사라는 용어 가운데 '처분'이라는 표현이 개념의 올바른 이해를 가로막고 있는지도 모른다. 처분행위라는 용어의 의미 중심은 처분의 결과를 가져온 행위라는 점에 있고, 그 행위 자체가 처분이라는 점에 있지 않다.

　오히려 행위자가 취득한 재물이나 재산상 이익이 피기망자의 어떤 행위에서 '직접' 초래된 것으로 볼 수 있느냐가, 처분행위를 인정하는 기준으로서 중요한 역할을 한다. 예컨대, 행위자가 피기망자를 기망하여 인장을 교부받은 다음 그 인장으로 근저당권설정계약서를 위조하여 피기망자 소유인 부동산에 근저당권을 설정하였다면, 사문서위조죄가 성립할 뿐 사기죄는 성립하지 않는다. 피기망자의 인장 교부 행위가 행위자의 근저당권설정이라는 재산상 이익 취득의 원인이 되었다는 점에서 '어떤 행위'에 해당한다고 볼 여지가 있다. 그러나 행위자가 취득한 근저당권은 행위자에 의하여 위조된 근저당권설정계약서가 직접적인 원인이다. 피기망자의 인장 교부행위는 간접적인 원인일 뿐이다. 따라서 피기망자의 처분행위가 있다고 볼 수 없다. 반면에, 피기망자가 행위자의 거짓말에 속아 근저당권설정계약서를 작성하여 교부한 것이라면, 또는 그 근저당권설정계약서를 행위자가 작성하였으나 서명이나 날인 행위를 피기망자가 함으로써 그 문서 전체가 피기망자가 작성한 것으로 평가되는 것이라면, 그 근저당권설정계약서 작성·교부행위 또는 서명이나 날인 행위가 근저당권 취득의 직접적인 원인이다. 따라서 어느 경우이든 피기망자의 처분행위가 인정되어 사기죄가 성립한다.

7. 피기망자가 재산상 처분의 결과를 가져온 행위의 의미와 결과를 인식하지 못하였다면 사기죄의 성립을 부정하여야 하는가?

위 전원합의체 판결의 반대의견은, "사기죄의 본질 및 이를 통해 도출되는 처분의사의 의미에 의하면, 착오에 빠진 피기망자가 자신의 행위의 의미와 결과에 대한 인식을 가진 채 처분행위를 한 경우에만 사기죄가 성립될 수 있는 것이므로, 구성요건요소로서 피기망자의 착오 역시 처분행위의 동기, 의도, 목적에 관한 것에 한정되고, 처분결과에 대한 인식조차 없는 처분행위 자체에 관한 착오는 해석론상 사기죄에서 말하는 착오에 포섭될 수 없음이 분명하다."라고 주장한다.

그러나 앞서 본 피기망자가 사기범의 거짓말에 속아 송금을 한 사안이나 피기망자 소유인 물건을 자기 것이라고 거짓말을 하여 피기망자로부터 교부받은 사안, 행위자가 제시한 출고현황표가 사실인 것으로 믿고 피기망자가 아무런 이의를 하지 않는 등 피기망자의 부작위에 의하여 인세의 차액 상당 재산상 이익을 얻은 사안에서, 어느 경우이든 결코 착오에 빠진 피기망자가 행위의 의미와 결과에 대한 인식을 가진 채 처분행위를 하였다고 볼 수 없다. 그리고 이러한 사례를 통하여 피기망자의 착오는 처분행위의 동기, 의도, 목적에 관한 것에 한정되고 처분결과에 대한 인식조차 없는 처분행위 자체에 관한 착오는 사기죄에서 말하는 착오에 포섭될 수 없다는 주장 또한 옳지 않음을 알 수 있다. 그러한 주장은 변제할 의사나 능력이 없음에도 그러한 사정을 숨기고 금전을 빌리는 경우와 같은 일부 사례에나 들어맞는다고 할 수 있다. 사기죄 일반에 통용될 수 없는 것임을 알 수 있다.

처분행위 자체에 관한 착오는 사기죄의 구성요건인 착오에서 제외된다거나 처분결과에 대한 인식이 없는 한 사기죄의 구성요건인 처분행위가 있다고 할 수 없다는 견해는, 구성요건의 문언은 물론 합리적인 해석에서 도출되는 것이라고 할 수 없다. 그와 같은 해석을 유지할 경우 위와 같은 사례들에서 사기죄의 성립을 모두 부정할 수밖에 없다. 하지만 사기죄의 성립은 행위자의 기망행위가 있고 피기망자가 그로 인한 착오로 재산상 처분의

결과를 가져오는 어떤 행위를 함으로써 행위자에게 재물이나 재산
상 이익이 귀속되는 구성요건 내용을 실현하는 것으로 충분하다.

사기죄는 피기망자의 행위에 의하여 재산의 처분이 이루어
졌으나 행위자의 기망행위로 인하여 피기망자가 의사결정의 자
유, 즉 처분의 자유를 올바르게 행사하지 못한 경우에 성립하는
범죄이다. 피기망자가 처분행위의 객관적인 경과를 인식하였으
나 행위자의 기망행위로 인하여 그 처분행위에 이르게 된 동기,
의도, 목적에 관하여 착오를 일으킨 경우보다, 행위자의 기망행
위로 인하여 처분행위 자체의 의미나 그 결과를 인식하지 못한
착오가 생겼을 뿐만 아니라 그 착오로 인하여 당연히 처분의 동
기, 의도, 목적에 관한 착오도 수반되는 경우에, 행위자의 기망행
위가 피기망자의 의사결정의 자유를 침해하는 정도가 훨씬 크다
고 할 것이다. 그런데도 피기망자의 의사결정의 자유가 비교적
덜 침해되었다고 볼 수 있는 경우에는 사기죄가 성립하고 더욱
침해되었다고 볼 수 있는 경우에는 사기죄가 성립하지 않는다는
것은, 전도된 논리라고 할 수밖에 없다.

8. 소송사기에서 기수시기는 언제 인정되어야 하는가?

(1) 종래 대법원은 소송사기에서 판결의 주문(主文)만이 기판
력이 있으므로 주문에 기재된 내용만을 처분행위로 볼 수 있다고
해석하였다. 그런데 소유권보존등기 말소판결의 주문은 등기명
의자의 등기 말소를 명할 뿐이다. 행위자에게 권리를 회복 또는
취득하게 하거나 의무를 면하게 하는 내용을 담고 있지 않다. 다

시 말하여, 피해자로부터 행위자에게 재산의 이전을 가져오는 처
분의 내용이 없다. 그러므로 그러한 판결을 구하는 소송의 제기
만으로는 사기죄의 실행에 착수한 것이 아니라고 보아, 사기죄의
성립을 부정하였다(대법원 1983. 10. 25. 선고 83도1566 판결).

대법원 2006. 4. 7. 선고 2005도9858 전원합의체 판결은 이러
한 해석을 변경하였다. 설사 판결의 주문만이 기판력이 있다고
하더라도, 소유권보존등기 말소를 명하는 내용의 승소 확정판결
을 받는다면, 실제로는 이에 터 잡아 행위자는 언제든지 단독으
로 상대방의 소유권보존등기를 말소시킨 후 위 판결을 소유권을
증명하는 판결로 하여 자기 앞으로의 소유권보존등기를 신청하
여 그 등기를 마칠 수 있다는 사실에 주목하였다. 기판력 있는 판
결의 주문(主文)만을 기준으로 재산적 처분행위가 있는지를 판단
하여야 한다고 보아온 종래의 관점에서 벗어난 것이다. 소유권보
존등기 말소판결이 소유권 취득을 가능하게 하는 이상, 재산적
처분행위로 평가하여야 한다고 보게 된 것이다.

(2) 행위자가 타인의 토지소유권을 편취할 목적으로 하는 사
기소송에 의하여 그 토지에 관한 소유권이전등기를 명하는 승소
의 확정판결을 받았다고 하더라도, 부동산 물권의 취득에 등기를
요구하는 민법의 체계에 비추어 보면 소유권이전등기가 마쳐진
시점에 사기죄가 성립한다고 보는 것이 자연스러울 것이다. 그런
데 대법원 1970. 12. 22. 선고 70도2313 판결은 승소 판결의 확정
과 동시에 기수에 이르며, 나아가 소유권이전등기를 마치는 행위
는 불가벌적 사후행위가 아니고 그것 역시 재물 편취를 위한 행
위라고 보았다. 그리고 승소 확정판결을 얻는 행위와 그 판결에

터 잡은 등기 행위는 다 같이 사기행위로 인한 재물 편취에 관한 행위로서 포괄일죄에 해당한다고 판단하였다. 등기 행위는 승소 확정판결을 얻는 행위로 야기된 손해의 범위 안에 있다고 보지 않은 것이다. 오히려 그러한 손해를 확고하게 한다는 점에서, 그 손해의 범위를 초과한다고 이해한 것으로 해석된다.

등기 행위가 불가벌적 사후행위가 아니라면 등기 행위 시점에 기수를 인정하여야 하고, 승소 확정판결을 얻은 시점에 기수를 인정하여서는 안 된다는 의문이 들 것이다. 그러나 사기소송에 의하여 금전 지급을 명하는 확정판결을 받아 채무명의를 취득한 경우, 그에 터 잡아 피해자로부터 금전을 임의로 지급받거나 강제집행을 통하여 변제를 받아 종국적인 목적을 달성하여야만 사기죄가 기수에 이른다고 보기는 어려울 것이다. 금전채권을 확정적으로 취득하였을 뿐만 아니라, 채무명의를 취득하여 변제받을 수 있는 법적 지위를 얻은 것이다. 재산상 이익으로 평가하여 기수를 인정하는 것이 옳다고 할 수 있을 것이다. 그렇다면 소유권이전등기를 명하는 확정판결을 받아 소유권이전등기청구권을 취득하고 그에 따른 등기를 할 수 있는 법적 지위를 얻은 것 또한 재산상 이익으로 평가하여 기수를 인정하여야 할 것이다. 이러한 승소 확정판결을 얻는 행위와 그에 터 잡은 등기 행위는, 부동산에 관한 소유권 취득이라는 종국적 목적을 달성하기 위한 단일한 범의에 의하여 이루어진 것이므로, 포괄일죄를 구성한다고 보아야 한다.

이러한 논리에 따르면 위 전원합의체 판결이, 소유권보존등기 말소를 명하는 내용의 승소 확정판결을 받으면, 그 자체로 행

위자는 '대상 토지의 소유권에 대한 방해를 제거하고 그 소유 명
의를 얻을 수 있는 지위'라는 재산상 이익을 취득한 것이고, 이
시점에서 사기죄의 기수가 성립한다고 판단한 것이 이해될 수 있
다. 나아가 그 판결에 터 잡아 자신의 명의로 소유권보존등기까
지 마친다면 포괄일죄에 해당할 것이다.

9. 서명사취 사안에서 기수시기는 언제 인정되어야 하는가?

서명사취 사안에서 사기죄의 기수시기는 근저당권설정등기
가 마쳐진 시점인지, 아니면 근저당권설정계약서 등이 교부된 시
점인지에 관한 의문이 제기된다. 근저당권설정등기가 마쳐지면
행위자는 담보권설정이라는 재산상 이익을 취득하므로, 그 등기
가 마쳐진 때에 사기죄의 기수에 이른다고 볼 수 있다. 그런데 근
저당권설정계약서는 피해자의 처분행위를 담고 있는 문서로서,
이 문서를 통하여 행위자는 근저당권설정을 할 수 있는 지위를
취득한 것이므로, 근저당권설정계약서를 교부받은 시점에 사기
죄의 기수에 이른다고 볼 여지도 있다.

그런데 부동산에 관한 공갈죄는 그 부동산에 관하여 소유권
이전등기를 마치거나 인도를 받은 때에 기수가 되고, 소유권이전
등기에 필요한 서류를 교부 받은 때에 기수가 되는 것이 아니라
고 한다(대법원 1992. 9. 14. 선고 92도1506 판결). 사기죄와 공갈죄
가 유사한 구조라는 점을 주목하면, 근저당권설정등기가 마쳐진
시점에 기수가 인정되어야 하고 근저당권설정계약서를 교부받은

시점에 기수가 인정되어서는 아니 된다고 보아야 할 것이다. 근저당권설정이라는 재산상 이익을 취득하였다고 하기 위해서는 그에 관한 등기가 있어야 한다고 보는 것이, 부동산 물권의 취득에 등기를 요구하는 민법의 체계에도 부합한다. 사기소송에 의하여 토지에 관한 소유권이전등기를 명하는 승소의 확정판결을 받으면 그에 따른 등기를 마치기 전이더라도 그 판결 확정과 동시에 사기죄의 기수에 이른다는 판례의 법리가 적용될 수는 없을 것이다. 기판력 있는 판결을 통하여 등기청구권을 취득한 행위와 피기망자를 기망하여 등기청구를 할 수 있는 원인이 되는 서류를 취득한 행위를 마찬가지로 평가할 수는 없기 때문이다.

또 다른 문제 제기도 있다. 등기가 행위자에 의하여 마쳐졌다면 피기망자에 의한 처분행위의 결과로 등기가 마쳐진 것이라고 할 수 없으므로, 근저당권설정계약서가 교부된 사정만을 근거로 사기죄의 기수를 인정할 수 없다는 주장이다. 위 전원합의체 판결의 사안과 같이 행위자가 피기망자로부터 작성, 교부받은 근저당권설정계약서와 등기절차에 필요한 서류인 인감증명서 등으로 등기를 마쳤거나, 피기망자나 피해자를 속이는 등으로 등기절차에 필요한 협력을 얻어 근저당권설정등기를 마쳤을 수 있다. 이때 피기망자나 피해자는 행위자의 기망행위에 의하여 등기에 필요한 모든 행위를 한 것이므로, 사기죄의 기수를 인정하는 데에 문제가 없다. 이와 달리 행위자가 피해자의 인감증명서를 위조하는 등으로 등기를 마쳤다면 의문의 여지가 있으나, 피기망자가 행위자의 기망행위에 의하여 등기에 필요한 핵심적 서류인 근저당권설정계약서를 작성, 교부한 이상 피기망자의 처분행위로 그 등기가 마쳐졌다고 볼 수 있으므로 역시 사기죄의 기수가 인정되어야 할 것이다. 행위자의 일부 행위가 개입되었다는 점을 근거로 피기망자의 처분행위가 있었는지를 달리 평가하는 것은 적절하다고 여겨지지 않기 때문이다.

10. 사기죄에서 재산상 손해는 무엇을 의미하는가?

형법 제347조는 행위자의 재물이나 재산상 이익의 취득만을 사기죄의 구성요건 요소로 규정하고 있다. 피해자의 재산상 손해를 구성요건 요소로 규정하지 않고 있다. 대법원은 이러한 문언에 충실하게, 사기죄의 성립을 위해서는 피해자에게 현실적으로 재산상 손해가 발생할 필요가 없다고 한다. 그러면서도 대법원은 사기죄는 보호법익인 피해자의 재산권이 침해되었을 때 성립한다고 한다. 재산권은 재물이나 재산상 이익에 관하여 성립하므로, 피해자의 재물이나 재산상 이익이 침해되어야 재산권이 침해되었다고 할 수 있다. 재산상 손해 발생이 필요하다는 의미로 해석될 수 있다. 대법원이 내세우는 두 법리가 모순이라고 생각할 여지도 있는 것이다. 두 법리가 양립할 수 있는 해석이 찾아져야 한다. 배임죄에서처럼 피해자의 전체로서의 재산의 감소는 필요하지 않다는 뜻에서, 피해자에게 현실적으로 재산상 손해가 발생할 필요가 없다고 본다. 그렇더라도 피해자가 행위자의 기망으로 의사결정의 자유, 즉 처분의 자유가 침해된 상태에서 재물이나 재산상 이익의 처분을 하게 되면, 이러한 처분 자체가 재산상 손해가 된다는 뜻에서 피해자의 재산권을 침해하는 것으로 보는 것이

다. 이 점에서 사기죄에서의 재산상 손해에 관한 이해는 배임죄
에서의 이해와 다르다고 할 수 있다.

　판례는, 기망행위를 수단으로 한 권리행사의 경우 그 권리행
사에 속하는 행위와 그 수단에 속하는 기망행위를 전체적으로 관
찰하여 그와 같은 기망행위가 사회통념상 권리행사의 수단으로
서 용인할 수 없는 정도라면 그 권리행사에 속하는 행위는 사기
죄를 구성한다고 본다(대법원 2003. 6. 13. 선고 2002도6410 판결). 비
록 현실적인 재산상 손해 발생이 없다고 하더라도 처분의 자유가
침해된 상태에서 재산상 처분이 이루어진 이상 재산권 침해가 있
다고 해석하는 것이다.

　이는 불법원인급여의 경우에도 마찬가지이다. 판례는, 행위
자가 피해자로부터 도박자금으로 사용하기 위하여 금전을 차용
한 경우 불법원인급여에 해당하여 피해자가 행위자에 대한 반환
청구권을 행사할 수 없다고 하더라도, 행위자가 기망을 통하여
피해자로 하여금 불법원인급여에 해당하는 재물을 제공하도록
하였다면 사기죄가 성립한다고 한다(대법원 2006. 11. 23. 선고 2006
도6795 판결). 부녀가 금품 등을 받을 것을 전제로 성행위를 하는
경우 부녀를 기망하여 성행위 대가의 지급을 면하면 사기죄가 성
립한다고 한다(대법원 2001. 10. 23. 선고 2001도2991 판결). 피해자
가 행위자의 기망으로 의사결정의 자유가 침해된 상태에서 금전
이나 성행위를 제공한 이상, 그러한 처분 자체가 재산권 침해라
고 이해한 것이다.

11. 특정경제범죄 가중처벌 등에 관한 법률 제3조에서, 편취한 이득액은 어떻게 평가되어야 하는가?

(1) 특정경제범죄 가중처벌 등에 관한 법률(이하 특정경제범죄법이라 한다) 제3조 제1항은 사기죄로 인하여 취득하거나 제3자로 하여금 취득하게 한 재물 또는 재산상 이익의 가액(이하 "이득액"이라 한다)이 5억 원 이상 50억 원 미만일 때에는 3년 이상의 유기징역으로, 이득액이 50억 원 이상일 때에는 무기 또는 5년 이상의 징역으로 가중처벌하도록 규정하고 있다. 형법 제347조와 달리 편취한 재물이나 재산상 이익의 가액이 범죄 구성요건의 일부로 되어 있고, 그 가액에 따라서만 법정형을 차별화하고 있다. 그런데 대법원은 특정경제범죄법 제3조 제1항의 이득액이 범죄 구성요건의 일부로 되어 있다고 보고 있지만, 이 점에 관한 인식이 없다고 하여 범의를 부정하거나 착오를 인정한 사례는 없는 것으로 보인다.

헌법재판소는 특정경제범죄법 제3조 제1항이 합헌이라는 결정을 여러 차례 하였다. 최근에 있었던 헌법재판소 2020. 2. 25. 자 2019헌바128, 2020헌바275(병합) 결정은 "구체적 사안에 따라서는 형법 제53조의 작량감경 조항에 따라 집행유예도 선고될 수 있는 점, 재산범죄이므로 이득액이 불법성의 핵심적인 부분을 이루기 때문에 이를 기준으로 한 단계적 가중처벌에는 수긍할 만한 합리적인 이유가 있는 점, 이득액에 따른 단계적 가중처벌을 법률에 명시함으로써 일반예방 및 법적 안정성에 기여할 수 있고, 법원의 양형편차를 줄여 사법에 대한 신뢰를 제고할 수 있는 점

등을 고려할 때, 이득액을 기준으로 한 가중처벌이 책임과 형벌 간 비례원칙에 위반된다고 볼 수 없다."라고 판단하였다.

재산범죄에서 피해자의 손해액이나 행위자 등의 이득액의 크기가 행위의 불법과 행위자의 책임 정도를 결정하는 중요한 요소의 하나인 것은 부정할 수 없으나, 유일한 결정적 요소는 아니다. 예컨대, 국민주택 건설자금을 융자받고자 하는 민간사업자가 처음부터 사실은 국민주택 건설자금으로 사용할 의사가 없으면서도 국민주택 건설자금으로 사용할 것처럼 용도를 속여 국민주택 건설자금 50억 원을 대출받았다면 대출금 전액에 대하여 사기죄가 성립한다(대법원 2002. 7. 26. 선고 2002도2620 판결). 그러나 대출금의 변제에는 전혀 문제가 없어 피해자에게 현실적인 손해가 발생하지 않을 수 있다. 반면에, 대출금을 변제할 의사와 능력이 없음에도 50억 원을 대출받았다면 마찬가지로 대출금 전액에 대하여 사기죄가 성립한다. 두 사례에서 피해자가 입은 현실적인 손해의 크기 등 책임에 따른 비난가능성의 정도는 전혀 다를 수 있다. 그런데도 다른 요소는 배제한 채 행위자가 얻은 이득액의 크기만을 기준으로 특정경제범죄법 제3조 제1항이 적용되어 무기 또는 5년 이상의 징역으로 가중처벌된다. 비록 합헌으로 선언되었으나 범죄와 형벌 사이에 적정한 균형이 이루어져야 한다는 죄형균형 원칙이나 형벌은 책임에 기초하고 그 책임에 비례하여야 한다는 책임주의 원칙이 훼손될 여지가 그 조항 자체에 내재하고 있음을 부인하기 어렵다. 또 다른 폐해는, 피해자의 손해액이나 행위자 등의 이득액의 크기가 현실적인 손해의 크기는 물론 불법이나 책임의 정도를 제대로 반영하는 것이 아닌데도, 이러한 입법으로 인하여 피해자의 손해액이나 행위자 등의 이득액의 크기에 비례하지 않는 양형을 정의롭지 못한 것으로 생각하는 경향이 일반인은 물론 법률가에게까지 현저하게 되었다는 점이다. 이득액이나 손해액의 크기만을 기준으로 법정형을 달리하는 구성요건을 규정하는 것은 재산범죄라고 하여도 결코 좋은 입법이라고 할 수 없다.

(2) 앞서 본 것처럼, 사기죄에서는 피해자가 행위자의 기망으로 의사결정의 자유, 즉 처분의 자유가 침해된 상태에서 재물이나 재산상 이익의 처분을 하게 되면, 이러한 처분 자체가 재산상 손해가 된다고 본다. 편취한 이득액의 판단도 이러한 손해 개념의 영향을 받는다. 그 결과 타인을 기망하여 그 타인 소유 부동산에 제3자 앞으로 근저당권을 설정케 한 자가 그로 인하여 취득하는 재산상 이익의 가액(이득액)은 원칙적으로 그 부동산의 시가 범위 내의 채권 최고액 상당이다(대법원 2000. 4. 25. 선고 2000도137 판결). 근저당권의 피담보채무가 실현되지 않는 것으로 확정되더라도 그 이득액의 평가는 달라지지 않는다. 그리고 행위자 등이 편취 과정에서 상당한 대가를 지급한 경우에도 그 편취액은 피해자로부터 교부받은 재물의 가치로부터 그 대가를 공제한 차액이 아니라 교부받은 재물 전부이고(대법원 1995. 3. 24. 선고 95도203 판결), 금융기관의 대출이나 신용보증기금의 신용보증서 발급이 기망행위에 의하여 이루어진 이상 담보권의 설정이 있었다 하여 사기죄의 이득액에서 담보물의 가액을 공제하여야 하는 것이 아니다(대법원 1983. 4. 26. 선고 82도3088 판결).

이처럼 사기죄에서 행위자 등이 얻은 재물이나 재산상 이익

의 가액 평가는 반드시 행위자 등이 얻은 현실적인 이익의 크기
나 피해자가 입은 현실적인 손해의 크기를 반영하는 것이 아니
다. 또한, 편취한 것으로 평가되는 이득액의 크기 외에 다른 요소
까지 고려하여야 행위의 불법과 행위자의 책임 정도를 올바르게
판단할 수 있다. 형법 제347조는 사기죄를 범한 사람은 10년 이하
의 징역 또는 2천만 원 이하의 벌금에 처한다고 규정하여 행위자
등이 얻은 것으로 평가되는 이득액을 구성요건 요소로 규정하지
않고 있다. 따라서 행위자 등이 얻은 이득액의 크기가 불법이나
책임(비난가능성)의 크기로 직접 연결되지 않으며, 다른 양형 요
소를 반영하는 데에 지장이 없다. 죄형균형 원칙이나 책임주의
원칙이 훼손될 여지가 없다.

　　반면에, 특정경제범죄법 제3조 제1항이 적용되는 경우에는
그 조항에 내재되어 있는 결함이 해소되기 위한 해석이 요구된
다. 죄형균형 원칙이나 책임주의 원칙이 훼손되지 않고 관철될
수 있도록 하는 해석이 필요하다. 대법원 2007. 4. 19. 선고 2005
도7288 전원합의체 판결이 이에 관한 고민을 드러낸 사례이다.
"특정경제범죄법 제3조의 적용을 전제로 하여 그 부동산의 가액
을 산정함에 있어서는, 그 부동산에 아무런 부담이 없는 때에는
그 부동산의 시가 상당액이 곧 그 가액이라고 볼 것이지만, 그 부
동산에 근저당권설정등기가 경료되어 있거나 압류 또는 가압류
등이 이루어져 있는 때에는 특별한 사정이 없는 한 아무런 부담
이 없는 상태에서의 그 부동산의 시가 상당액에서 근저당권의 채
권최고액 범위 내에서의 피담보채권액, 압류에 걸린 집행채권액,
가압류에 걸린 청구금액 범위 내에서의 피보전채권액 등을 뺀 실

제의 교환가치를 그 부동산의 가액으로 보아야 한다."라고 판단
하였다.

특정경제범죄법 제3조의 적용을 전제로 한 부동산의 가액도
통상적으로 사용되는 재물의 시장가치 즉 아무런 부담이 없는 상
태에서의 그 부동산의 객관적인 시가 상당액을 뜻한다고 보는 것
이, 문언에 충실한 해석이라는 소수의견의 지적은 그 자체로는
옳은 말이다. 사기죄로 인하여 취득하거나 제3자로 하여금 취득
하게 한 재물의 가액을 이득액이라고 정의한 특정경제범죄법 제3
조 제1항의 문언에 비추어 다수의견은 축소해석을 한 것이다. 하
지만 이러한 축소해석은 합헌적 해석으로서 정당화될 수 있다.
죄형균형 원칙이나 책임주의 원칙은 범죄와 형벌 사이에서 비례
의 원칙을 실현하는 헌법적 원리의 구체화이기 때문이다. 피고인
에게 불리하게 작용하는 해석도 아니다. 이 점에서 문언에 어긋
나는 해석이라거나 명확성의 원칙에서 벗어난 죄형법정주의를
위반한 해석이라는 소수의견의 지적은 옳다고 할 수 없다.

(3) 그렇지만 여전히 남겨진 과제는 가볍지 않다. 부동산에
근저당권설정등기가 경료되어 있거나 압류 또는 가압류 등이 이
루어져 있는 때에는 아무런 부담이 없는 상태에서의 그 부동산의
시가 상당액에서 근저당권의 채권최고액 범위 내에서의 피담보
채권액, 압류에 걸린 집행채권액, 가압류에 걸린 청구금액 범위
내에서의 피보전채권액 등을 뺀 실제의 교환가치를 그 부동산의
가액으로 보아야 한다면, 마찬가지로 편취 과정에서 상당한 대가
가 지급된 경우에도 그 편취액은 피해자로부터 교부된 재물의 가
치로부터 그 대가를 공제한 차액으로 보아야 하고, 기망행위에

의하여 대출이나 신용보증서 발급이 이루어지는 과정에서 담보
권의 설정이 있었다면 사기죄의 이득액에서 담보물의 가액을 공
제하여야 한다고 보는 것이 옳다는 주장도 상당한 설득력을 지닐
것이다. 물론 편취한 '재물의 가액'이라는 문언에 포섭될 수 있느
냐 하는 점에서 차별성을 갖는 것은 분명하지만, 둘 사이에 죄형
균형 원칙이나 책임주의 원칙의 실현이라는 관점에서 본질적이
고도 실질적인 차이가 있다고 볼 수 있는지 의문이다. 다수의견
에 따르면 편취 당시의 근저당권 피담보채무 등이 사후에 원래
채무자의 변제 등을 통해 전부 또는 일부 소멸되는 경우 부동산
의 실제 교환가치가 증가하게 되는데 이러한 편취 이후의 사정에
따라 적용법조를 달리하여야 할 것인지 문제가 되고, 공동담보가
설정되거나 하나의 압류·가압류의 대상이 된 수 개의 부동산 중
일부를 편취한 경우와 근저당권 이외의 담보물권 또는 용익물권,
대항력 있는 임차권, 가처분, 가등기 등이 있는 경우 그 공제의
범위를 어디까지 또는 어느 정도까지로 한정할 것인지에 관해서
명확한 기준을 제시하기 어렵다는 소수의견의 지적도 간단히 넘
겨버리기 어렵다.

　　다수의견은 올바른 방향으로 해석론을 전개하였다고 할 수
있으나, 그와 충돌되는 다수의 사정에 계속하여 눈을 감을 것인
지의 도전에 직면하고 있다. 해석론으로 특정경제범죄법 제3조
제1항이 갖는 결함을 완전하게 극복하는 것은 기대하기 어려운
일로 생각된다. 소수의견이 지적하는 다양한 사례만 보더라도 그
어려움의 정도가 짐작된다. 행위자 등이 얻은 재물이나 재산상
이익의 가액이 얼마인지에 관한 해석론이 형법 제347조가 적용되

느냐, 아니면 특정경제범죄법 제3조 제1항이 적용되느냐에 따라 달라지는 것도 바람직하지 않다. 근본적으로 편취한 이득액을 기준으로 법정형을 달리 규정한 구성요건을 폐기하는 입법을 하는 것이 최선의 해결책이라고 생각된다. 무엇보다 이제는 양형기준이 제도상으로 확립되어 있어 법관의 양형 판단을 제약하는 입법의 필요성에 강한 의문이 제기되기도 한다. 다만, 형법에 규정된 법정형을 강화하기 위한 형사정책적 고려를 유지할 필요가 있다면, 형벌의 하한은 폐지하고 상한만을 유지하는 방식으로 개정하는 것도 검토할 만하다.

(4) 마지막으로, 사기죄에 관한 대법원 2007. 4. 19. 선고 2005도7288 전원합의체 판결의 법리를 배임죄에 관하여도 적용한 대법원 2011. 6. 30. 선고 2011도1651 판결을 살펴본다. "배임행위로 얻은 재산상 이익의 일정한 액수 그 자체를 가중적 구성요건으로 규정하고 있는 특정경제범죄법 제3조 제1항 제1호의 적용을 전제로 하여 이중매매의 대상이 된 부동산의 가액을 산정함에 있어서는, 그 부동산에 아무런 부담이 없는 때에는 그 부동산의 시가 상당액이 곧 그 가액이라고 볼 것이지만, 그 부동산에 근저당권설정등기가 경료되어 있거나 압류 또는 가압류 등이 이루어져 있는 때에는 특별한 사정이 없는 한 아무런 부담이 없는 상태에서의 그 부동산의 시가 상당액에서 근저당권의 채권최고액 범위 내에서의 피담보채권액, 압류에 걸린 집행채권액, 가압류에 걸린 청구금액 범위 내에서의 피보전채권액 등을 뺀 실제의 교환가치를 그 부동산의 가액으로 보아야 할 것이다."라고 판단함으로써 사기죄에 관한 판시 내용을 그대로 반복하고 있다.

제5장에서 살펴본 것처럼, 배임죄의 보호법익은 '전체로서의 재산'으로 이해되어야 하고, 따라서 타인의 사무를 처리하는 자가 배임행위를 함으로써 전체로서의 재산이 감소하여 본인에게 손해가 발생하거나 발생할 위험이 있을 때 배임죄가 성립한다고 보아야 한다. 그런데 부동산 이중매매로 인하여 매도인이 소유권이 전등기의무를 이행할 수 없게 되면 매수인은 그와 대가관계에 있는 대금지급의무를 면하게 된다. 매수인의 '전체로서의 재산'에 손해가 발생하거나 발생할 위험이 있다고 할 수 없다. 따라서 배임죄의 성립을 부정하여야 한다. 이같이 배임죄에서의 재산상 손해에 관한 올바른 이해 위에서는 '본인에게 손해를 가한 때'의 요건을 충족한다고 할 수 없다.

그러므로 궁여지책으로 매수인의 소유권 취득이 좌절된 이상 계약목적물인 부동산 자체의 시가 상당액이 재산상 손해나 재산상 이익이라고 보는 것이다. 마치 사기죄에서 피해자의 의사결정의 자유가 침해된 이상 현실적으로 재산상 손해가 발생하지 않더라도 처분된 재물이나 재산상 이익 자체를 재산상 손해나 재산상 이익으로 이해하는 것과 흡사하다. 이러한 재산상 손해나 재산상 이익에 관한 이해는 배임죄의 성격과 조화를 이룰 수 없다. 매수인의 소유권 취득을 확고하게 보호하기 위한 수단으로 배임죄를 이용함으로써 발생하는 체계 교란의 모습을 확인할 수 있다. 이러한 연유로, 사기죄에 관한 위 전원합의체 판결이 근거하고 있는 죄형균형 원칙이나 책임주의 원칙의 관점에서 볼 때, 부동산 이중매매에서 부동산의 시가 상당액을 배임행위로 얻은 이득액으로 보는 법리는 훨씬 심각한 문제점을 갖게 될 수밖에 없는 것이다.

부동산 이중매매로 얻은 이득액을 부동산의 시가 상당액으로 보는 법리가 옳다고 할 수 없지만 그러한 법리가 올바른 것이라고 가정하더라도, "부동산에 근저당권설정등기가 경료되어 있거나 압류 또는 가압류 등이 이루어져 있는 때에는 특별한 사정이 없는 한 아무런 부담이 없는 상태에서의 그 부동산의 시가 상당액에서 근저당권의 채권최고액 범위 내에서의 피담보채권액, 압류에 걸린 집행채권액, 가압류에 걸린 청구금액 범위 내에서의 피보전채권액 등을 뺀 실제의 교환가치를 그 부동산의 가액으로 보아야 할 것이다."라는 법리는 또 다른 모순을 드러낸다. 위와 같은 부담을 매수인이 인수하든 인수하지 않든 매수인은 그 부동산을 취득하지 못함으로써 부동산의 시가 상당액 손해를 입었다고 보는 것이 논리적으로는 일관된다. 부동산에 남아있는 부담을 인수하는 경우에는 그 부담이 매매대금의 지급에 갈음한 것이고 인수하지 않는 경우에는 매도인이 그 부담을 해소하여 아무런 부담이 없는 상태에서 소유권을 넘겨줄 의무가 있기 때문이다. 부동산의 시가 상당액을 부동산 이중매매로 얻은 이득액으로 봄으로써 생겨나는 실질과의 괴리를 좁혀보고자 한 의도에서 나온 해석으로 이해되지만, 부동산 이중매매를 배임죄로 무리하게 인정한 데에서 야기되는 파국의 한 장면이라고 할 수 있다.

제 3 편

공법

제7장 행정처분에 대한
사법적 통제의 한계

1. 권리, 의무에 직접적 변동을 초래하는 행위만이
행정처분에 해당하는가?

(1) 1985. 10. 1.부터 시행된 현행 행정소송법은 제1조에서 '권리의 침해'뿐만 아니라 '이익의 침해'도 구제함을 목적으로 한다고 선언하였다. 이익이라는 개념에서 반사적 이익은 당연히 제외된다. 이익은 '법률상 이익'을 의미한다는 것을 원고적격의 규정으로부터 어렵지 않게 알 수 있다. 행정소송법 제12조는 "취소소송은 처분 등의 취소를 구할 '법률상 이익이 있는 자'가 제기할 수 있다."라고 취소소송의 원고적격을, 제35조는 "무효 등 확인소송은 처분 등의 효력 유무 또는 존재 여부의 확인을 구할 '법률상 이익이 있는 자'가 제기할 수 있다."라고 무효 등 확인소송의 원고적격을, 제36조는 "부작위 위법 확인소송은 처분의 신청을 한 자로서 부작위의 위법의 확인을 구할 '법률상 이익이 있는 자'만이 제기할 수 있다."라고 부작위 위법 확인소송의 원고적격을 규정하고 있다. 결국, 항고소송은 공권력의 행사 또는 그 거부에 '법

률상 이익이 있는 자'가 제기할 수 있기 때문이다. 이들 규정에 따르면 행정처분의 개념이 실체적으로 어떻게 정하여져야 할지 분명한 윤곽이 나온다.

행정처분은 권리, 의무의 직접적 변동을 가져오는 행위만이 아니라 권리, 의무에 직접 영향을 미치는 등으로 법률상 이익의 직접적 변동을 가져오는 행위까지 포함하여야 한다. 만약 행정처분의 개념을 이같이 해석하지 않는다면, 항고소송의 원고적격을 '법률상 이익이 있는 자'라고 규정한 의미는 완전히 사라진다. 국민의 권리, 의무에 직접적 변동을 초래하는 행위는 아니나 법률상 이익에 직접적 변동을 초래하는 행위로 인하여 불이익을 받고 있더라도, 원고적격 이전에 대상적격이 부정되어 법적 구제의 가능성을 상실하기 때문이다.

일찍이 대법원 1967. 6. 27. 선고 67누44 판결은 행정처분에 해당하는지를 판단하는 기준을 구체적으로 제시하였었다. "행정소송은 구체적인 권리, 의무에 관한 분쟁을 전제로 하여 제기되는 것이므로, 항고소송의 대상이 되는 행정처분은 행정청의 공법상의 행위로서 특정 사항에 대하여 법규에 의한 권리의 설정 또는 의무의 부담을 명하며, 기타 법률상의 효과를 발생케 하는 등 국민의 권리, 의무에 직접 관계가 있는 행위를 말한다고 해석하여야 할 것이므로 상대방이나 관계자들의 법률상 지위에 직접적으로 법률적 변동을 일으키지 않는 행위 등은 행정처분에 해당할 수 없다."라고 하였다. '법률상의 효과를 발생케 하는 등 국민의 권리, 의무에 직접 관계가 있는 행위'나 '법률상 지위에 직접적으로 법률적 변동을 일으키는 행위'에는 국민의 구체적 권리, 의무에 직접적 변동을 초래하는 행위만이 아니라 구체적 권리, 의무에 직접 영향을 미치는 등으로 법률상 이익에 직접적 변동을 초래하는 행위까지 포함된다고 할 수 있다.

그러므로 권리, 의무에 직접적 변동을 초래하는 행위인가만이 아니라 법률상 이익에 직접적 변동을 초래하는 행위인가라는 기준에 따라서도 행정처분에 해당하는지를 판단하였어야 한다. 그러나 대법원은 여전히 권리, 의무에 직접적 변동을 초래하는 행위인지에 따라 행정처분에 해당하는지를 판단하는 경향이 현저하였다. 이러한 경향은 대법원 1993. 1. 15. 선고 92누12407 판결을 통하여, 토지에 관한 개별공시지가의 결정이 국민의 권리, 의무에 직접적 변동을 초래하는 행위는 아니지만, 토지초과이득세, 택지초과소유부담금 또는 개발부담금을 산정함에 있어서 기초가 되는 토지의 가액을 개별공시지가를 기준으로 하여 산정한 금액에 의하도록 규정하고 있으므로, 개별공시지가의 결정은 국민의 권리, 의무 내지 법률상 이익에 직접적으로 관계된다는 이유로 행정처분에 해당한다고 판단한 것이, 특별한 의미가 있는 판례로 받아들여졌다는 것을 상기하는 것으로 충분하다.

(2) 행정처분이 국민의 구체적 권리, 의무에 직접적 변동을 초래하는 행위에 국한되지 않고 국민의 법률상 이익에 직접적 변동을 초래하는 행위까지 그 포섭 범위를 넓힌 분명한 방향을 보여준 판례가 대법원 2004. 4. 22. 선고 2003두9015 전원합의체 판결이다. 대법원은 종래 토지대장 등 지적공부에 지목 등 일정한 사항을 등재하거나 등재된 사항을 변경하는 행위로 인하여 당해 토지에 관한 실체상의 권리관계에 어떤 변동을 직접 가져오는 것

은 아니라는 이유로 지목변경신청 거부행위를 행정처분에 해당하지 않는다고 판단하였다. 그러나 '지목은 토지에 관한 공법상의 규제, 개발부담금의 부과대상, 지방세의 과세대상, 공시지가의 산정, 손실보상가액의 산정 등 토지 행정의 기초로서 공법상의 법률관계에 영향을 미치고, 토지소유자는 지목을 토대로 토지의 사용·수익·처분에 일정한 제한을 받게 되는 점 등을 고려하면, 지목은 토지소유권을 제대로 행사하기 위한 전제 요건으로서 토지소유자의 실체적 권리관계에 밀접하게 관련되어 있으므로 지적공부 소관청의 지목변경신청 반려행위는 국민의 권리관계에 영향을 미친다'는 점에 주목하였다. 그리하여 국민의 구체적 권리, 의무에 직접적 변동을 초래하는 행위는 아니지만, 국민의 권리관계에 직접 영향을 미치는 행위이므로 행정처분에 해당한다고 입장을 변경하였다.

이러한 변화에 따라, 소득금액변동통지는 원천징수의무자의 실체상 납세의무의 존부나 범위에 어떠한 변동을 가져오는 것이 아니므로 행정처분에 해당하지 않는다고 본 판례를 변경하여, "과세관청의 소득처분과 그에 따른 소득금액변동통지가 있는 경우 원천징수의무자인 법인은 소득금액변동통지서를 받은 날에 그 통지서에 기재된 소득의 귀속자에게 당해 소득금액을 지급한 것으로 의제되어 그때 원천징수하는 소득세의 납세의무가 성립함과 동시에 확정되고, 원천징수의무자인 법인으로서는 소득금액변동통지서에 기재된 소득처분의 내용에 따라 원천징수세액을 그 다음 달 10일까지 관할 세무서장 등에게 납부하여야 할 의무를 부담하며, 만일 이를 이행하지 아니하는 경우에는 가산세의

제재를 받게 됨은 물론이고 형사처벌까지 받도록 규정되어 있는 점에 비추어 보면, 소득금액변동통지는 원천징수의무자인 법인의 납세의무에 직접 영향을 미치는 과세관청의 행위로서 행정처분에 해당한다"고 본 대법원 2006. 4. 20. 선고 2002두1878 전원합의체 판결, 건축법상 신고사항에 관하여는 건축을 하고자 하는 자가 적법한 요건을 갖춘 신고만 하면 건축을 할 수 있고 건축주의 권리, 의무에 직접적 변동을 초래하는 것이 아니므로 행정처분으로 볼 수 없다는 판례를 변경하여, "건축주 등으로서는 신고제하에서도 건축신고가 반려될 경우 당해 건축물의 건축을 개시하면 시정명령, 이행강제금, 벌금의 대상이 되거나 당해 건축물을 사용하여 행할 행위의 허가가 거부될 우려가 있어 불안정한 지위에 놓이게 된다. 따라서 건축신고 반려행위가 이루어진 단계에서 당사자로 하여금 반려행위의 적법성을 다투어 그 법적 불안을 해소한 다음 건축행위에 나아가도록 함으로써 장차 있을지도 모르는 위험에서 미리 벗어날 수 있도록 길을 열어 주고, 위법한 건축물의 양산과 그 철거를 둘러싼 분쟁을 조기에 근본적으로 해결할 수 있게 하는 것이 법치행정의 원리에 부합한다. 그러므로 건축신고 반려행위는 행정처분으로 보는 것이 옳다"는 대법원 2010. 11. 18. 선고 2008두167 전원합의체 판결 등이 뒤따르게 되었다.

보건복지부 고시인 약제급여·비급여목록 및 급여상한금액표가 다른 집행행위의 매개 없이 그 자체로서 국민건강보험가입자, 국민건강보험공단, 요양기관 등의 법률관계를 직접 규율하는 성격을 가지므로 항고소송의 대상이 되는 행정처분에 해당한다고 본 대법원 2006. 9. 22. 선고 2005두2506 판결도, 그 고시 행위

자체가 권리, 의무에 직접적 변동을 초래하는 행위는 아니지만, 권리, 의무에 직접 영향을 미치는 행위라는 점에서 행정처분에 해당한다고 본 것이라고 할 수 있다.

이들 판례에 나타나는 '권리, 의무 내지 법률상 이익에 직접적으로 관계되는 행위', '권리관계에 영향을 미치는 행위'나 '납세의무에 직접 영향을 미치는 행위' 등은 권리, 의무에 직접적 변동을 초래하는 행위가 아니다. 권리, 의무에 직접 영향을 미침으로써 '법률상 이익에 직접적 변동을 초래하는 행위'이다. '법률상 이익에 직접적 변동을 초래하는 행위'라는 표현으로 갈음하면 '권리, 의무에 직접적 변동을 초래하는 행위'에 대한 차별성과 대상적격의 확장이 명료하게 인식될 수 있을 것이다.

여하튼 대법원의 태도 변화는 권리, 의무에 직접 영향을 미치는 행위, 즉 법률상 이익에 직접적 변동을 초래하는 행위도 행정처분에 해당한다고 봄으로써 법적 구제의 범위가 확대된다는 점에서 환영을 받았다. 하지만 그러한 해석을 통하여 비로소 행정소송법의 체계에 합치되게 되었다는 점을 잊어서는 아니 된다. 입법자는 권리, 의무의 직접적 변동을 초래하는 행위만을 대상으로 사법적 통제를 할 때 야기되는 실효적인 법적 구제의 어려움을 극복하고자 권리, 의무라는 개념 대신에 포섭 범위가 더욱 넓은 법률상 이익이라는 개념을 행정소송법에 채택하였기 때문이다. 그러므로 행정처분에 해당하는지를 판단하면서 이러한 입법자의 의사를 유념하여야 한다. 그리고 '법률상 이익'의 개념을 유연하게 해석하여 폭넓게 포섭할수록 사법적 통제의 범위는 확장되고, 반대로 엄격하게 해석하여 좁게 포섭할수록 사법적 통제의 범위는 축소된다는 점도 주목하여야 한다.

(3) 유의하여야 할 것은, '법률상 이익에 직접적 변동을 초래하는 행위'도 행정처분에 해당할 수 있다고 하는 점이, 이러한 행위가 언제나 행정처분에 해당하게 된다는 것을 의미하는 것이 아니라는 점이다. '법률상 이익에 직접적 변동을 초래하는 행위', 즉 '권리, 의무에 직접 영향을 미치는 행위'를 법적 구제의 대상으로 삼는 것보다 그 행위를 기초로 '권리, 의무에 직접적 변동을 초래하는 행위'가 이루어지면 그 행위를 대상으로 법적 구제를 하는 것이, 오히려 실효적인 법적 보호가 되는 때도 있다. 그러한 경우에는 '권리, 의무에 직접 영향을 미치는 행위'를 행정처분으로 보아야 할 실익이 없고, '권리, 의무에 직접적 변동을 초래하는 행위'를 행정처분으로 보는 것으로 충분하다.

그러나 '권리, 의무에 직접적 변동을 초래하는 행위'만을 행정처분으로 보아 구제 대상으로 삼을 경우, 법적 구제의 지연이나 복잡함으로 인하여 실효적인 법적 보호가 곤란하게 될 때가 있다. 지목변경신청 반려행위를 행정처분으로 보지 않는다면 그로부터 야기되는 여러 가지 법적 효과가 발생할 때마다 법적 구제를 받아야 하고, 소득금액변동통지를 다툴 수 없으면 그에 기초한 과세처분이 존재하지 않는 결과 곧바로 가산세 제재 등의 위험에 처하게 되며, 건축신고 반려행위를 다툴 수 없으면 시정명령, 이행강제금, 벌금의 대상이 되는 위험을 감수하여야 하고, 약제급여·비급여목록 및 급여상한금액표를 다툴 수 없으면 그에 기초한 법률관계가 발생할 때마다 법적 구제를 받아야 하는 어려움이 뒤따른다. 이러한 이유에서 '권리, 의무에 직접적 변동을 초래하는 행위'는 아니지만, 법률상 이익에 직접적 변동을 초래하는 그러한 행위들을 행정처분으로 보는 것이다.

"행정청의 어떤 행위가 항고소송의 대상이 될 수 있는지의 문제는 추상적·일반적으로 결정할 수 없고, 구체적인 경우 행정처분은 행정청이 공권력의 주체로서 행하는 구체적 사실에 관한 법집행으로서 국민의 권리, 의무에 직접적으로 영향을 미치는 행위라는 점을 염두에 두고, 관련 법령의 내용과 취지, 그 행위의 주체·내용·형식·절차, 그 행위와 상대방 등 이해관계인이 입는 불이익과의 실질적 견련성, 그리고 법치행정의 원리와 당해 행위에 관련한 행정청 및 이해관계인의 태도 등을 참작하여 개별적으로 결정하여야 한다(대법원 2010. 11. 18. 선고 2008두167 전원합의체 판결)."라는 판례의 기준 제시는 이 점을 표현한 것이다. 이를 한마디로 말하면, 실효적인 법적 보호가 될 수 있도록 행정처분에 해당하는지를 판단하여야 한다는 것이다.

2. 행정청의 거부행위가 행정처분에 해당하기 위해서는 신청권이 있어야 하는가?

(1) 판례는 행정청의 거부로 평가되는 행위가 행정처분에 해당한다고 하기 위해서는 원고에게 행위발동을 요구할 법규상 또는 조리상 신청권이 있어야 한다고 하고 있다. 건축물을 건축하려는 자는 행정청의 허가를 받아야 한다는 건축법 제11조의 규정과 같이 법령이 명시적으로 행위발동을 위한 신청행위를 규정하고 있는 때에는 법규상 신청권이 있음을 근거로 그 거부행위를

행정처분으로 보는 데에 의문이 없다. 그러나 그러한 법령상의
규정이 없는 때에는 어떤 경우에 조리상 신청권이 있음을 근거로
행정처분에 해당한다고 볼 수 있는지 그 기준을 알 수 없다. 이로
인하여 어떤 거부행위가 행정처분에 해당할 수 있는지는 짙은 안
개에 휩싸여 있다. 조리상 신청권이라는 개념의 효용성을 긍정하
기 어려운 이유이다.

   국민의 권리, 의무에 직접적 변동을 초래하는 행위와 나아가
국민의 법률상 이익에 직접적 변동을 초래하는 행위가 행정처분
에 해당할 수 있으므로, 행정청의 거부로 평가되는 행위가 행정
처분에 해당하기 위해서는 원고가 얻고자 하는 것이 반사적 이익
이 아니라 적어도 법률상 이익에 해당하는 것임이 전제되어야 한
다. 아울러 그 거부행위를 법적 구제의 대상으로 삼는 것이, 실효
적인 법적 보호의 수단이 될 수 있어야 한다. 결국, 이 점이 행정
청의 거부로 평가되는 행위가 행정처분에 해당하는지를 판단하
는 기준이 된다.

   (2) 대법원 2004. 4. 22. 선고 2000두7735 전원합의체 판결은
"기간제로 임용되어 임용기간이 만료된 국·공립대학의 조교수는
교원으로서의 능력과 자질에 관하여 합리적인 기준에 의한 공정
한 심사를 받아 위 기준에 부합되면 특별한 사정이 없는 한 재임
용되리라는 기대를 가지고 재임용 여부에 관하여 합리적인 기준
에 의한 공정한 심사를 요구할 법규상 또는 조리상 신청권을 가
진다고 할 것이니, 임용권자가 임용기간이 만료된 조교수에 대하
여 재임용을 거부하는 취지로 한 임용기간만료의 통지는 위와 같
은 대학교원의 법률관계에 영향을 주는 것으로서 행정소송의 대

상이 되는 처분에 해당한다."라고 판단하였다.

　　위 전원합의체 판결의 원고는 4년의 기간을 정하여 조교수로 임용되었다가 임용기간이 만료되자 그 임용기간이 만료되었음을 통지받았을 뿐이다. 그리고 원고는 재임용을 신청한 사실이 없다. 만약 임용기간이 만료된 교원이 재임용을 원하는 경우 재임용을 신청하여 심사결과에 따라 재임용될 수 있다는 취지의 법령상 규정이 있다면 재임용에 관한 법규상 신청권이 있다고 할 수 있을 것이다. 그러나 관계 법령에 임용기간이 만료된 교원에 대한 재임용 의무나 그 절차 및 요건 등에 관하여 아무런 규정을 두지 않았다면 원칙적으로 기간을 정하여 임용된 조교수는 그 임용기간의 만료로 대학교원으로서의 신분관계가 종료된다고 보아야 할 것이다. 임용기간 만료 후 교원으로 재임용되는 것은 일응 반사적 이익에 해당한다고 볼 여지가 있다. 그렇게 해석된다면 임용기간만료의 통지는 그 교원의 권리나 법률상 이익에 직접적 변동을 초래한다고 할 수 없으므로 항고소송의 대상이 되는 행정처분에 해당한다고 볼 수 없을 것이다. 이처럼 법령상 명시적인 규정이 없음에도 임용기간만료 통지를 재임용을 거부하는 행위로서 행정처분에 해당한다고 하기 위해서는 임용기간 만료 후 교원으로 재임용되는 것이 반사적 이익이 아니라 법률상 이익이라는 점이 논증되어야 한다. 그리고 그것으로 충분하다. 재임용 여부가 법률상 이익에 해당하는 것으로 인정된다면, 재임용을 거부하는 취지의 임용기간만료 통지가 법률상 불이익을 가져오는 행정처분에 해당하는 것은 당연하다.

　　위 전원합의체 판결은 임용기간이 만료된 교원이 재임용에

관한 법률상 이익이 있다는 점을 분명하게 언급하지 않았으나,
조리상 신청권이 있다는 근거로서 제시한 사유가 법률상 이익이
있다는 점에 관한 근거로서 수긍할 수 있다. "대학의 자율성 및
교원지위법정주의에 관한 헌법규정과 그 정신에 비추어 학문 연
구의 주체인 대학교원의 신분은 기간제로 임용된 교원의 경우에
도 일정한 범위 내에서 보장되어야 할 필요가 있고, 비록 관계 법
령에 임용기간이 만료된 교원에 대한 재임용의 의무나 그 절차
및 요건 등에 관하여 아무런 규정을 두지 않았다고 하더라도,
1981년도 이래 교육부장관은 기간제로 임용된 교원의 재임용 심
사방법, 연구실적물의 범위와 인정기준, 심사위원 선정방법 등을
상세히 규정한 인사관리지침을 각 대학에 시달함으로써 재임용
심사에 관하여 일정한 기준을 제시하여 왔고, 대학들도 자체 규
정에 의하여 재임용 심사에 관한 기준을 마련하고 있어, 이에 따
라 임용기간이 만료된 교원들은 위 인사관리지침과 각 대학의 규
정에 따른 심사기준에 의하여 재임용되어 왔으며, 그 밖에 기간
제로 임용된 교원의 재임용에 관한 실태 및 사회적 인식 등 기록
에 나타난 여러 사정들을 종합하면, 기간제로 임용되어 임용기간
이 만료된 국·공립대학의 조교수는 교원으로서의 능력과 자질에
관하여 합리적인 기준에 의한 공정한 심사를 받아 위 기준에 부
합되면 특별한 사정이 없는 한 재임용될 수 있는" 법률상 이익을
가진다고 이해한 것으로 해석할 수 있다.

　(3) 교육공무원법상 승진후보자 명부에 의한 승진심사 방식
으로 행해지는 승진임용에서 승진후보자 명부에 포함되어 있던
후보자를 승진임용인사발령에서 제외하는 행위가 항고소송의 대

상인 행정처분에 해당한다고 본 대법원 2018. 3. 27. 선고 2015두
47492 판결은, 다음과 같은 법령상의 규정을 들어 법률상 이익이
있음에 관한 논증을 하였다.

"교육공무원법은 교장은 교육부장관의 제청으로 대통령이
임용한다고 규정하고 있다(제29조의2 제1항). 나아가 교육공무원
의 승진임용은 같은 종류의 직무에 종사하는 바로 아래 직급의
사람 중에서 대통령령으로 정하는 바에 따라 경력평정, 재교육성
적, 근무성적, 그 밖에 실제 증명되는 능력에 의하여 한다(제13
조). 한편 교육공무원의 임용권자 또는 임용제청권자는 제13조
및 대통령령으로 정하는 바에 따라 자격별 승진후보자 명부를 순
위에 따라 작성하여 갖추어 두어야 하는데(제14조 제1항), 교육공
무원을 승진임용할 때에는 대통령령으로 정하는 특수자격이 있
는 사람을 승진임용하거나 승진임용을 제청할 때를 제외하고는
원칙적으로 승진후보자 명부의 순위가 높은 사람부터 차례로 결
원된 직위에 대하여 3배수의 범위에서 승진임용하거나 승진임용
을 제청하여야 한다(제14조 제2항). 그 위임에 따라 교육공무원 승
진규정은 승진임용에서 인사행정의 공정을 기하기 위하여 '각급
학교의 교감으로서 동급학교의 교장의 자격증을 받은 자' 등 일
정 범위의 교육공무원에 대하여 평소 경력평정과 근무성적평정,
연수성적평정을 실시하여, 교장승진의 경우 경력평정점 70점, 근
무성적평정점 100점, 연수성적평정점 18점을 각각 만점으로 하여
평정한 평정점의 합산 점수가 높은 승진후보자의 순서대로 등재
하는 방식으로 승진후보자 명부를 작성하도록 규정하고 있다(제1
조, 제2조 제1항 제1호, 제40조 제1항). 또한 교육공무원임용령에 의

하면, 임용권자 또는 임용제청권자가 소속교육공무원(대학의 교원 및 수석교사는 제외)을 승진임용하고자 할 때는 승진후보자 명부의 고순위자 순위에 의하여 승진예정인원의 3배수 범위 안에서 임용하거나 임용제청하여야 하고(제14조 제1항), 징계의결요구·징계처분·직위해제 또는 휴직 중인 경우, 징계처분의 집행이 끝난 날부터 일정 기간이 지나지 아니한 경우에는 승진임용을 할 수 없다(제16조 제1항)."

만약 이러한 법령상 규정이 없고 임명권자가 아무런 제한을 받지 않고 교감 가운데 임의로 교장을 임명할 수 있다면 교장으로 임명되는 것은 반사적 이익에 해당할 뿐이라고 보아야 하고, 따라서 임용제외행위가 행정처분에 해당한다고 볼 수 없을 것이다.

이 판결은 특히 "원심이 원용한 거부처분의 신청권 법리는 어떤 신청행위가 있고 행정청이 그에 대한 거부행위를 한 경우를 전제로 하는 것이어서, 이 사건에 원용하기에는 적절하지 않음을 밝혀 둔다."라고 하여 거부처분의 신청권 법리를 명시적으로 배척하고 있다. 유사한 상황에 있었던 사안에 관한 앞서 본 대법원 2004. 4. 22. 선고 2000두7735 전원합의체 판결, 대법원 2008. 4. 10. 선고 2007두18611 판결 등 종래 판결이 전제한 신청권 법리를 벗어나고자 하였음을 주목하여야 할 것이다. 신청행위가 없음에도 마치 신청행위가 있는 것처럼 의제하여 신청권 법리를 적용하는 것은 타당하지 않음을 분명히 한 최초의 판결로서 의미가 있다. 신청권 법리를 완전히 폐기하기 위해서는 전원합의체 판결이 필요할 것이다. 그러한 방향으로의 발전과정에 디딤돌이 되기를 기대한 것이다.

이러한 방향전환은 교육부장관이 대학에서 추천한 복수의 총장 후보자들 전부 또는 일부를 임용제청에서 제외하는 행위가 항고소송의 대상이 되는 행정처분에 해당하는지가 쟁점이 된 대법원 2018. 6. 15. 선고 2016두57564 판결에서도 이어졌다. 대법원 2018. 3. 27. 선고 2015두47492 판결과 마찬가지로 신청권 법리를 언급하지 아니하고, 대학의 자율성을 규정한 헌법 제31조제4항과 이를 뒷받침하는 교육공무원법령의 규정에 비추어 대학의 추천을 받은 총장 후보자는 교육부장관으로부터 정당한 심사를 받아 총장으로 제청될 수 있는 법률상 이익이 있음을 근거로 행정처분에 해당한다고 판단하고 있다. 이 판결은 교육부장관의 임용제청제외행위가 대통령의 임용제외행위라는 최종처분에 앞선 중간처분으로서의 성격을 가짐에도 법률상 이익을 인정하여 행정처분으로 인정하였다는 점에서 의미가 부여될 수도 있다. 교육부장관의 임용제청행위가 있음에도 대통령이 상당한 기간 임명권을 행사하지 않을 수 있고 대통령의 임명행위가 있은 다음에 비로소 그 최종처분을 다투도록 한다면 총장의 임기가 상당한 기간 경과하여 법적 구제의 실익이나 소의 이익이 사라질 수 있는 등 실효적인 법적 보호라는 관점에서 중간처분임에도 법률상 이익을 긍정하여 행정처분으로 인정한 것이다.

3. 사증발급 거부처분에서 원고적격을 인정하는 기준은 무엇인가?

어떤 공권력의 행사 또는 그 거부가 항고소송의 대상이 되는

행정처분에 해당하여 대상적격이 인정되는지의 문제와 그 처분
을 다툴 원고적격이 인정되는지의 문제가 판례상 그 구분이 모호
하여 혼란스럽다는 비판이 제기된다. 그렇게 된 배경은 대상적격
과 원고적격의 두 개념이 '법률상 이익'이라는 공통적인 기준을
핵심적인 표지로 하고 있기 때문이다. 행정처분에 해당하는지에
관한 대상적격의 인정 여부는 어떤 공권력의 행사나 그 거부가
일반적으로 국민의 권리나 법률상 이익에 직접적 변동을 초래하
는 행위인지에 관한 객관적 판단이라면, 원고적격의 인정 여부는
공권력의 행사나 그 거부가 구체적으로 소송당사자인 원고의 권
리나 법률상 이익에 직접적 변동을 초래하는지에 관한 주관적 판
단이라는 점에서 구분된다고 할 수 있다. 이 점에서 행정처분에
해당하는지는 사법적 통제의 객관적 범위를 구획한다면, 원고적
격은 법적 보호의 주관적 범위를 구획하는 역할을 한다고 할 수
있다.

　권리나 법률상 이익에 직접적 변동을 초래하는 행위로 인정
되어 행정처분에 해당한다고 보는 경우 그 처분 상대방에게 원고
적격이 있다는 점은 의문의 대상이 아니다. 처분 상대방이 아닌
제3자에게 그 처분을 다툴 원고적격이 있다고 볼 수 있는지가 문
제될 뿐이다. 이 점에 관한 예외적 사례가 사증발급 거부처분에
서 나타난다.

　중국 국적 여성이 결혼이민 사증발급을 신청하였다가 거부
당하자 그 거부처분의 취소를 구한 사안에서, 취소를 구할 법률
상 이익이 인정되지 않는다는 이유로 원고적격이 부정된 대법원
2018. 5. 15. 선고 2014두42506 판결이 그 첫 사례이다. 외국인에

게 대한민국 영토 안에 들어올 권리나 자유가 있다고 할 수는 없다. 그렇다면 입국에 필요한 사증발급의 거부에 관하여 법적 구제의 길을 열어주어야 할 필요가 있다고 할 수 없다. 이는 국가 고권의 영역이고, 다른 나라도 마찬가지로 이해하고 있는 것으로 보인다. 이러한 사정은 "중화인민공화국 출입경관리법 제36조 등은 외국인이 사증발급 거부 등 출입국 관련 제반 결정에 대하여 불복하지 못하도록 명문의 규정을 두고 있으므로, 국제법의 상호주의 원칙상 대한민국이 중국 국적자에게 우리 출입국관리 행정청의 사증발급 거부에 대하여 행정소송 제기를 허용할 책무를 부담한다고 볼 수는 없다."라는 판결 이유에도 드러난다. 반면에, 이 사안에서 그 중국 국적 여성과 혼인신고를 마친 내국인이 그 거부처분의 취소를 구하였다면, 처분 상대방이 아닌 제3자의 지위에 있음에도 원고적격이 긍정되었을 것이다. 내국인은 혼인한 배우자가 입국하지 못함으로써 혼인제도를 보장하고 있는 헌법 제36조 제1항, 부부는 동거하며 서로 부양하고 협조하여야 한다는 민법 제826조 제1항, 결혼이민 체류자격을 규정한 출입국관리법령 등에 의하여 인정되는 권리나 법률상 이익을 침해당하였다고 볼 수 있고, 외국인과 달리 그에게 법적 구제의 문을 닫아야 할 근거가 없기 때문이다. 결국, 처분 상대방임에도 외국인이라는 특수한 사정이 원고적격을 부정하는 결정적 근거로서 소극적으로 작용한 것이다. 법적 보호의 주관적 범위를 구획하는 원고적격의 역할을 명료하게 인식할 수 있는 사안이기도 하다.

　한편, 외국인이면서 재외동포인 원고가 사증발급을 신청하였다가 거부당하자 그 거부처분의 취소를 구한 사안인 대법원

2019. 7. 11. 선고 2017두38874 판결에서는 원고적격이 긍정되었
다. 재외동포의 대한민국 출입국과 대한민국 안에서의 법적 지위
를 보장함을 목적으로 「재외동포의 출입국과 법적 지위에 관한
법률」이 특별히 제정되어 시행 중이다. 이 법률 제5조는 재외동
포체류자격의 부여 여부에 관하여 구체적으로 규정하고 있다. 그
리고 원고는 대한민국에서 출생하여 오랜 기간 대한민국 국적을
보유하면서 거주하여 이미 대한민국과 실질적 관련성이 있거나
대한민국에서 법적으로 보호 가치 있는 이해관계를 형성하였다
고 볼 수 있다. 이 점에서 중국 국적의 외국인 여성과는 달리 사
증발급 거부처분의 취소를 구할 법률상 이익이 긍정되었다고 할
수 있다.

　이처럼 외국인이더라도 재외동포인 경우나 외국인의 배우자
인 내국인이 제3자라고 하더라도 이들에게 법적 보호가 부여되어
야 할 법률상 이익이 있다고 할 수 있다. 이는 사증발급이 반사적
이익이라고 보아 그 거부행위를 행정처분에 해당하지 않는다고
하여 사법적 통제의 객관적 범위에서 제외할 수 없었던 사유이기
도 하다. 그리고 사증발급이 입국할 권리를 보장하는 것은 아니
지만 유효한 여권과 대한민국 법무부장관이 발급한 사증이 없으
면 입국 심사를 받을 수 없다는 점에서, 권리, 의무에 직접적 변
동을 초래하는 행위는 아니나 그에 직접 영향을 미침으로써 법률
상 이익에 직접적 변동을 초래하는 행위라 할 수 있다. 따라서 실
효적인 법적 보호를 위해서 그 거부행위를 다툴 필요가 인정된
다. 이것이 사증발급 거부행위를 행정처분으로 보아야 하는 근거
이다.

4. 문서로 사증발급 거부처분을 하지 않았음을 이유로 무효로 보는 것이 타당한가?

(1) 우선 사증발급 거부처분에 행정절차법이 적용되는지 의문이 든다. 행정절차법 제3조 제2항 제9호는 '「병역법」에 따른 징집·소집, 외국인의 출입국·난민 인정·귀화, 공무원 인사 관계 법령에 따른 징계와 그 밖의 처분, 이해 조정을 목적으로 하는 법령에 따른 알선·조정·중재(仲裁)·재정(裁定) 또는 그 밖의 처분 등 해당 행정작용의 성질상 행정절차를 거치기 곤란하거나 거칠 필요가 없다고 인정되는 사항과 행정절차에 준하는 절차를 거친 사항으로서 대통령령으로 정하는 사항'에 대하여는 행정절차법을 적용하지 아니한다고 규정하고 있다. 그런데 대법원 2019. 7. 11. 선고 2017두38874 판결은 "행정절차법의 적용이 제외되는 '외국인의 출입국에 관한 사항'이란 해당 행정작용의 성질상 행정절차를 거치기 곤란하거나 거칠 필요가 없다고 인정되는 사항이나 행정절차에 준하는 절차를 거친 사항으로서 행정절차법 시행령으로 정하는 사항만을 가리킨다고 보아야 한다. '외국인의 출입국에 관한 사항'이라고 하여 행정절차를 거칠 필요가 당연히 부정되는 것은 아니다."라고 판단하고 있다.

문언상 외국인의 출입국에 관한 사항인 사증발급 행위에 행정절차법이 적용되지 않는다고 보는 것이 올바른 해석으로 보인다. 다른 해석의 가능성은 열려 있다고 여겨지지 않는다. '해당 행정작용의 성질상 행정절차를 거치기 곤란하거나 거칠 필요가 없다고 인정되는 사항과 행정절차에 준하는 절차를 거친 사항으로서 대통령령으로 정하는 사항'은 앞에 열거되지 않은 사항이라고 하더라도 이에 해당하는 경우에는 행정절차법을 적용하지 아니한다는 취지로 이해되고, 앞에 열거된 사항도 이러한 요건에 해당함을 전제로 행정절차법을 적용하지 아니한다는 취지로 읽히지 않는다.

　(2) 대법원 2019. 7. 11. 선고 2017두38874 판결은 사증발급 거부처분에 행정절차법이 적용됨을 전제로, "행정절차법은 제24조 제1항에서 '행정청이 처분을 할 때에는 다른 법령 등에 특별한 규정이 있는 경우를 제외하고는 문서로 하여야 하며, 전자문서로 하는 경우에는 당사자 등의 동의가 있어야 한다. 다만 신속히 처리할 필요가 있거나 사안이 경미한 경우에는 말 또는 그 밖의 방법으로 할 수 있다.'라고 정하고 있다. 이 규정은 처분내용의 명확성을 확보하고 처분의 존부에 관한 다툼을 방지하여 처분 상대방의 권익을 보호하기 위한 것이므로, 이를 위반한 처분은 하자가 중대·명백하여 무효이다."라고 판단한 대법원 2011. 11. 10. 선고 2011도11109 판결을 선례로 삼아, 문서로 사증발급 거부처분을 하지 않았으므로 무효로 보아야 한다고 판단하고 있다. 선례가 된 위 판결 사안은, 집합건물 중 일부 구분건물의 소유자인 피고인이 관할 소방서장으로부터 소방시설 불량사항에 관한 시정보완명령을 받고도 따르지 아니하였다는 내용으로 기소된 사안에서, 담당 소방공무원이 행정처분인 위 명령을 구술로 고지한 것은 행정절차법 제24조를 위반한 것으로 하자가 중대하고 명백하여 무효이고, 무효인 명령에 따른 의무위반이 생기지 아니하는 이상 피고인에게 명령 위반을 이유로 소방시설 설치유지 및 안전관리에 관한 법률 제48조의2 제1호에 따른 행정형벌을 부과할 수

없다고 보아 무죄의 취지로 판단한 사안이다. 소방서장의 시정보완명령이 행정절차법의 적용 범위에서 제외된다고 볼 수 없을 뿐만 아니라, 행정형벌 부과의 근거가 된 시정보완명령을 문서로 하지 아니한 것이므로 충분히 수긍할 수 있다.

내부적으로 성립된 행정처분을 구두로 고지하는 경우에는 구두 고지로써 외부적으로 성립함과 동시에 효력을 발생한다. 반면에, 문서로 고지하는 경우에는 발송한 때에 외부적으로 성립하고 도달한 때에 효력을 발생한다. 문서로 하여야 하는 행정처분을 구두로 한 경우에는 문서 발송이 없었으므로 외부적 성립이 없다고 볼 여지도 있으나, 구두로라도 그 내용은 고지되었으므로 적어도 외부적 성립은 있다고 보아야 할 것이다. 따라서 고지 방식의 위반으로 효력이 없는 것이라고 보아야 하므로, 행정처분의 부존재가 아니라 무효라고 보는 판례의 태도는 긍정될 수 있다.

(3) 대법원 2019. 7. 11. 선고 2017두38874 판결은, 문서로 사증발급 거부처분을 하지 않은 절차적 하자가 있음을 이유로 그 거부처분이 무효라고 판단하면서도, 나아가 재량권의 불행사 또는 일탈, 남용에 해당하는지 여부라는 실체적 하자에 관한 판단을 하고 있다. 그런데 절차적 하자를 이유로 행정처분이 무효라면 그 처분은 애초부터 효력이 없는 것이고 취소되는 경우라면 소급하여 효력을 잃게 되는데, 효력을 잃은 행정처분에 관하여 내려진 법원의 실체적 판단이 어떤 의미가 있는지 의문이다. 이 경우 기속력을 갖는 판단은 절차적 하자에 관한 부분만이고 실체적 하자에 관한 부분은 새롭게 행정처분을 하는데 참고사항으로 제공하는 지도적 판단으로서의 의미만이 있는지, 아니면 실체적

하자에 관한 판단 부분이 기속력이 있는 부분이고 절차적 하자에 관한 판단 부분은 지도적 판단으로서의 의미만이 있는지 하는 의문도 잇는다. 파기환송 사건을 처리하여야 하는 하급심이나 행정청이 기속력을 인정하여 반드시 따라야 하는 판단이 무엇인지도 모호하게 된다. 양립할 수 없는 판단으로 인하여 혼란이 야기된다. 그러므로 절차적 하자를 이유로 행정처분이 무효에 해당하거나 취소되어야 한다면 나아가 실체적 판단을 하지 않는 것이 타당한 것으로 생각된다.

절차적 하자를 이유로 처분의 무효확인을 하거나 처분을 취소하는 이유는 적법한 절차에 따라 처분하도록 함으로써 처분 상대방의 불이익을 구제하거나 타당한 처분에 이르도록 하는 데에 도움이 되기 때문이다. 절차적 하자의 시정 자체가 목적이라고 할 수는 없다. 소방시설 불량사항에 관한 시정보완명령을 문서로 하지 아니하였음을 이유로 그 처분을 무효로 하는 이유는, 처분 상대방이 행정형벌 부과의 전제가 되는 법적 의무를 적법한 방식으로 분명하게 고지받지 못한 것이므로 그 법적 효과인 행정형벌을 부과하는 것이 정당화될 수 없고, 문서로 법적 의무가 분명하게 다시 고지되면 그 의무를 이행함으로써 행정형벌에서 벗어날 수 있는 실익이 있기 때문이다. 그런데 사증발급 신청을 하였으나 구두로 거부한 경우에 문서로 거부하지 않았음을 이유로 그 거부처분의 무효확인이나 취소를 받는다고 하더라도, 행정청은 종전과 동일한 내용을 문서로써 하면 판결의 취지에 따른 것이 된다. 이처럼 잘못된 절차를 바로잡더라도 그러한 절차의 시정이 잘못된 처분의 결과를 바로잡는 데에 아무런 역할을 하지 않는다면 실체적 판단을 하여 분쟁을 1회적으로 해결하는 것이 더욱 바람직스럽다. 그러한 해결이 가능한데도 절차적 하자를 이유로 처분의 무효확인을 하거나 처분을 취소하는 것은 권리 구제에는 실질적으로 도움이 안 되면서 당사자에게 불편한 절차의 반복을 강요하는 것일 뿐일 수 있다. 실효적 법적 보호라는 관점에서 찬성할 수 없다. 이와 달리 행정청이 적법한 절차에 따라 새롭게 판단하여야 할 필요성이 인정되어 절차적 하자를 이유로 처분의 무효확인을 하거나 처분을 취소한다면, 거기에서 법원의 역할은 멈춰야 하고, 나아가 실체적 판단까지 하여서는 아니 된다. 행정청의 판단 권한을 침해하는 문제가 발생하기 때문이다.

(4) 항고소송의 목적은 "행정소송절차를 통하여 행정청의 위법한 처분 그 밖에 공권력의 행사·불행사 등으로 인한 국민의 권리 또는 이익의 침해를 구제"하는 것이다(행정소송법 제1조). 실체적인 권리나 법률상 이익의 침해를 구제하는 것이 근본적인 목적이라고 할 수 있다. 실체적 하자로 인하여 실체적인 권리나 법률상 이익의 침해가 인정될 때 행정처분의 무효확인이나 취소가 인정된다. 실체적 하자가 인정되더라도 그로 인하여 실체적인 권리나 법률상 이익의 침해가 인정되지 않는다면 그 행정처분의 무효확인이나 취소는 인정되지 않는다. 하자의 시정 그 자체가 항고소송의 목적이 될 수는 없기 때문이다. 마찬가지로 적법한 절차에 따라 처분하도록 함으로써 처분 상대방의 불이익을 구제하거나 타당한 처분에 이르도록 하는 데에 도움이 될 때, 절차적 하자를 이유로 한 행정처분의 무효확인이나 취소는 의미가 있다. 절차적 하자가 시정되더라도 그로 인하여 실체적 권리나 법률상 이

익의 구제 가능성에 아무런 영향이 없음에도 그러한 절차적 하자를 이유로 행정처분의 무효확인이나 취소를 한다면 당사자에게는 실익이 없는 절차의 반복을 강요하는 것일 뿐이다. 어떤 절차적 하자가 취소나 무효확인 사유에 해당하는지를 판단하는 경우에는 이 점을 고려하여야 한다.

사증발급 거부처분 사안에서 실체적 판단을 통하여 분쟁을 1회적으로 해결할 수 있는데도 문언을 벗어나는 해석을 통하여 절차적 하자를 이유로 한 무효를 선언하는 것이, 법리상으로도 당사자의 법적 구제를 위해서도 긍정적으로 평가될 수 없다. 행정청은 문서로써 다시 행정처분을 하면서 거부처분을 되풀이하면 당사자는 힘든 소송을 반복하여야 할 뿐이다. 법령에 규정된 절차가 아님에도 해석을 통하여 절차적 하자를 인정하거나 절차적 하자의 포섭 범위를 넓히는 것, 나아가 절차적 하자를 이유로 행정처분의 위법성을 인정하여 취소나 무효확인을 하는 것이, 그 의도와는 달리 반드시 바람직한 결과로 이어지는 것은 아니다.

5. 과세처분의 절차적 하자를 이유로 한 법적 구제의 한계는 어디까지인가?

(1) 국세기본법은 그 일부개정을 통하여 세무조사권을 남용한 재조사의 금지를 규정하여 1996. 12. 30.부터 시행되었고, 과세전적부심사 제도를 새롭게 신설하여 2000. 1. 1.부터 시행되었다. 그 이외에도 납세자의 권리를 보호하기 위한 여러 규정이 신설되었다. 이러한 절차적 통제를 통하여 납세자의 권리가 과세처분

과정에서 침해되는 것을 방지하고자 하는 것이 그 입법목적이다. 그런데 종래에는 없던 이러한 새로운 절차적 통제를 위반한 과세 처분이 이루어지는 경우 그 하자에 따른 법적 효과로서 과세처분의 무효 사유로 삼아야 할지, 취소 사유로 삼아야 할지, 아니면 그 효력에 영향이 없는 것으로 보아야 할지가 새로운 문제로 떠오르게 되었다.

(2) 대법원 2016. 12. 27. 선고 2016두49228 판결은, "사전구제절차로서 과세전적부심사 제도가 가지는 기능과 이를 통해 권리 구제가 가능한 범위, 이러한 제도가 도입된 경위와 취지, 납세자의 절차적 권리 침해를 효율적으로 방지하기 위한 통제 방법과 더불어, 헌법 제12조 제1항에서 규정하고 있는 적법절차의 원칙은 형사소송절차에 국한되지 아니하고, 세무공무원이 과세권을 행사하는 경우에도 마찬가지로 준수하여야 하는 점 등을 고려하여 보면, 국세기본법 및 국세기본법 시행령이 과세전적부심사를 거치지 않고 곧바로 과세처분을 할 수 있거나 과세전적부심사에 대한 결정이 있기 전이라도 과세처분을 할 수 있는 예외사유로 정하고 있다는 등의 특별한 사정이 없는 한, 과세예고 통지 후 과세전적부심사 청구나 그에 대한 결정이 있기도 전에 과세처분을 하는 것은 원칙적으로 과세전적부심사 이후에 이루어져야 하는 과세처분을 그보다 앞서 함으로써 과세전적부심사 제도 자체를 형해화시킬 뿐만 아니라 과세전적부심사 결정과 과세처분 사이의 관계 및 그 불복절차를 불분명하게 할 우려가 있으므로, 그와 같은 과세처분은 납세자의 절차적 권리를 침해하는 것으로서 그 절차상 하자가 중대하고도 명백하여 무효라고 할 것이다."라고

판단하였다.

　그러나 사전구제절차인 과세전적부심사 절차를 거칠 기회를 빼앗은 것으로 인하여 납세자의 실체적인 권리나 법률상 이익의 침해나 침해의 가능성이 있다고 보기는 어렵다. 과세처분은 기속 처분이어서 과세요건이 존재하느냐에 따라 과세처분의 내용이 결정되기 때문이다. 그리고 잘못된 과세처분이 이루어지더라도 강력한 사후적 구제절차가 있다. 과세전적부심사 절차가 도입됨 으로써 납세자의 권리 구제가 강화된 것은 매우 바람직스러운 일 이다. 그러나 이러한 의미를 넘어 사전적 구제절차를 거치도록 하는 것이, 입법상 반드시 요구되는 것이라 할 수도 없다. 더욱 빠르고 손쉬운 사전적 구제의 기회를 납세자로부터 빼앗았다는 실질적 불이익이 있을 뿐이다. 그러므로 과세전적부심사의 기회 가 부여되지 않았다는 이유로 그 처분이 무효라고 볼 필요성은 없어 보인다. 과세관청이 과세전적부심사 제도를 임의대로 운영 하여 제도 자체를 형해화시키는 것을 방지하기 위해서는 취소 사 유로 삼는 것으로 넉넉할 것이다.

　행정심판과 행정소송이라는 더욱 강력한 사후적 법적 구제 절차가 있어 충분한 법적 보호의 기회가 주어졌음에도 오랜 기간 이 지난 후에 과세전적부심사를 거치지 않았다는 이유로 무효로 본다면, 사전적 구제절차의 흠결이 사후적 구제절차가 정한 불복 기간의 경과에 따라 생겨난 과세처분의 불가쟁력을 무너뜨린다 는 결과가 된다. 법리상 어떻게 조화를 이룰 수 있는지 알 수 없 다. 조세 법령의 실체적인 규정에 맞는 과세처분인데도 매우 오 랜 기간이 지난 후에 과세전적부심사를 거치지 않았다는 이유로 무효로 보는 경우 그로 인하여 야기되는 폐해를 생각하여 볼 필요가 있다. 부과제척기간이 지나지 않아 다시 과세처분을 한 후 과세전적부심사를 거치도록 한 후 마찬가지 과세처분을 반복한다면, 납세자에게는 권리의 구제가 아니라 고통의 연장일 뿐이다. 반면에, 부과제척기간이 지나 더 이상 과세처분을 할 수 없다면, 그러한 결과가 행정청이 저지른 절차상 잘못에 상응하여 당연히 감수하여야 할 몫이라고 할 수 있는지도 의문이다.

　　(3) 대법원 2017. 12. 13. 선고 2016두55421 판결은, "세무조사는 기본적으로 적정하고 공평한 과세의 실현을 위하여 필요한 최소한의 범위 안에서만 행하여져야 하고, 더욱이 같은 세목 및 같은 과세기간에 대한 재조사는 납세자의 영업의 자유나 법적 안정성을 심각하게 침해할 뿐만 아니라 세무조사권의 남용으로 이어질 우려가 있으므로 조세공평의 원칙에 현저히 반하는 예외적인 경우를 제외하고는 금지할 필요가 있다. 같은 취지에서 국세기본법은 재조사가 예외적으로 허용되는 경우를 엄격히 제한하고 있는바, 그와 같이 한정적으로 열거된 요건을 갖추지 못한 경우 같은 세목 및 같은 과세기간에 대한 재조사는 원칙적으로 금지되고, 나아가 이러한 중복세무조사금지의 원칙을 위반한 때에는 과세처분의 효력을 부정하는 방법으로 통제할 수밖에 없는 중대한 절차적 하자가 존재한다고 보아야 한다. 이러한 관련 규정들의 문언과 체계, 재조사를 엄격하게 제한하는 입법 취지, 그 위반의 효과 등을 종합하여 보면, 국세기본법 제81조의4 제2항에 따라 금지되는 재조사에 기하여 과세처분을 하는 것은 단순히 당초 과세처분의 오류를 경정하는 경우에 불과하다는 등의 특별한

사정이 없는 한 그 자체로 위법하고, 이는 과세관청이 그러한 재
조사로 얻은 과세자료를 과세처분의 근거로 삼지 않았다거나 이
를 배제하고서도 동일한 과세처분이 가능한 경우라고 하여 달리
볼 것은 아니다."라고 판단하였다.

　대법원은 "세무조사 결정은 납세의무자의 권리·의무에 직접
영향을 미치는 공권력의 행사에 따른 행정작용으로서 항고소송
의 대상이 된다(대법원 2011. 3. 10. 선고 2009두23617, 23624 판결)."
라고 판단한 바 있다. 세무조사에 따른 과세처분 역시 항고소송
의 대상이 된다. 따라서 위법한 세무조사에 기초하여 과세처분이
이루어진 경우, 세무조사의 위법성이 과세처분에도 승계되는지
가 문제된다. 금지된 재조사라는 절차적 하자는 일반적인 절차적
하자와는 다른 특수성이 있다. 절차적 하자로 인하여 실체적인
권리나 법률상 이익의 침해 또는 그 침해의 가능성이 인정되느냐
하는 측면에서 문제가 되는 것이 아니다. 금지된 재조사가 납세
자의 영업의 자유나 법적 안정성을 심각하게 침해한다는 측면에
서 문제가 된다. 위법한 재조사의 금지가 실효적이려면 원칙적으
로 그 하자의 승계를 인정하여 과세처분의 위법성도 인정하여야
한다는 것이 대법원 2017. 12. 13. 선고 2016두55421 판결의 취지
라고 이해된다. 그러나 금지되는 재조사와 허용되는 재조사의 경
계가 명료하지 않다. 이 점을 고려하면 예외의 가능성을 보다 열
어 놓았어야 한다는 생각도 든다. 하지만 금지된 재조사가 일반
적인 절차적 하자의 경우와 달리 특수성이 있다는 측면을 중시하
면, 이 같은 판결의 취지를 어느 정도 수긍할 수도 있을 것이다.

　그러나 과세관청이 재조사로 얻은 과세자료를 과세처분의

근거로 삼지 않았거나 이를 배제하고도 동일한 과세처분이 가능한 경우라고 하여도 그 과세처분의 위법성이 인정되어야 한다는 판단은 지나치다고 여겨진다. 이는 위법한 재조사가 인정되면 실질적으로 새로운 과세처분을 하는 것이 금지된다는 뜻이다. 기본적 인권의 수호를 위하여 절차적 엄격성이 매우 강조되는 형사절차에서도 "적법한 절차에 따르지 아니하고 수집한 증거는 증거로 할 수 없다(형사소송법 제308조의2)."라고 할 뿐이다. 위법하게 수집된 증거를 배제하고도 유죄를 인정할 수 있는 경우 유죄의 인정을 부정하지 않는다. 절차적 정의와 실체적 정의 사이에도 균형이 유지되어야 한다.

6. 중대명백설을 기준으로 무효 여부를 판단하는 것이 타당한가?

(1) 법 집행 수단으로서 중심적 지위에 있는 행정처분에 관하여 처분 상대방 등 이해관계인의 제한 없는 불복을 허용할 경우 행정작용은 그 법적 불안정성으로 인하여 심각하게 동요된다. 법적 안정성을 확보하기 위한 장치로서 행정처분의 하자를 다툴 수 있는 불복기간을 설정하게 된 이유이다. 그러나 행정처분에 존재하는 하자가 중대하고 명백한 경우까지 불복기간이 지나면 다툴 수 없다고 함으로써 법적 안정성에 대한 요청을 관철하는 것은, 또 다른 가치인 정의의 요청을 도외시하는 것으로서 정당화될 수 없다. 이러한 경우라면 불복기간이라는 족쇄를 풀어주어야 한다. 이에 따라 행정처분에 존재하는 하자는 원칙적으로 불

복기간의 제한이 있는 취소 사유에 해당하고, 예외적으로 그 하자가 중대하고 명백한 경우에는 무효 사유에 해당한다고 보게 된 것이다.

그렇지만 행정처분에 존재하는 하자가 중대하고 명백하다는 요건을 충족하지 못하더라도, 불복기간이 지난 다음에 다툴 수 없도록 하는 것이 법적 안정성을 압도하는 정의의 요청 때문에 정당화될 수 없는 예외적인 경우가 있을 수 있다. 우리나라는 독일과 달리 무효의 기준을 법률에 규정하고 있지 않다. 법원의 법형성에 위임되어 있다고 할 수 있다. 법원은 중대명백설을 통하여 원칙적으로 행정처분에 관한 법적 안정성을 확보하되, 법적 안정성을 압도하는 정의의 요청이 있는 경우에는 매우 신중하게 무효 사유로 포섭하는 유연성을 갖는 원칙으로 중대명백설이 기능할 수 있도록 기준을 확립할 필요가 있다. 중대명백설 자체가 반드시 지켜내야 할 궁극의 원칙이 아니기 때문이다. 그러므로 행정처분에 존재하는 하자가 중대하고 명백한지를 판단할 때에는 이러한 취지를 잊어서는 아니 된다. 유연한 해석을 구실로 무효 사유를 쉽사리 인정하면 무효의 기준을 모호하게 하여 법적 안정성을 심대하게 훼손한다는 점도 물론 경계하여야 한다.

(2) 대법원도 이러한 취지에서, 대법원 1965. 10. 19. 선고 65누83 판결을 통하여, 하자 있는 행정처분이 무효가 되기 위해서는 그 하자가 법규의 중요한 부분을 위반한 중대한 것으로서 객관적으로 명백한 것이어야 한다고 '일반적 기준'을 전제한 다음, 하자가 중대하고 명백한지를 판단할 때 그 법규의 목적, 의미, 기능 등을 목적론적으로 고찰함과 동시에 '구체적 사안 자체의 특

수성'에 관하여도 합리적으로 고찰하여야 한다고 '구체적 기준'을
선언한 이래, 변함없이 되풀이하여 확인하고 있다. 결코, 기계적
이고 단선적인 판단을 하여서는 아니 된다는 점을 강조하고 있
다. 그 구체적 사례들을 대법원이 내어놓은 판단에서 확인할 수
있다.

　① 대법원 1993. 4. 27. 선고 92누12117 판결은, "국세징수법
제24조에 의하면 납세자의 재산만을 압류하도록 규정되어 있을
뿐만 아니라, 과세관청이 납세자에 대한 체납처분으로서 제3자의
소유물건을 압류하고 공매하더라도 그 처분으로 인하여 제3자가
소유권을 상실하는 것은 아니므로, 납세자가 아닌 제3자의 소유
물건을 대상으로 한 압류처분은 그 처분의 내용이 법률상 실현될
수 없는 것이므로 당연무효이다."라고 판단하였다. 제3자의 소유
물건이라는 사실을 간과하고 압류한 하자는 중대하다고 할 수는
있지만, 반드시 명백한 것은 아니다. 그러나 아무리 법적 안정성
을 중시한다고 하더라도 구체적 정의를 압도한다고 볼 수 없는
사안이기 때문에 수긍할 수밖에 없을 것이다.

　② 취득세는 신고납부방식의 조세로서 원칙적으로 납세의무
자가 스스로 과세표준과 세액을 정하여 신고하는 행위에 의하여
납세의무가 구체적으로 확정되고, 그 납부행위는 신고에 의하여
확정된 구체적 납세의무의 이행으로 하는 것이며, 지방자치단체
는 그와 같이 확정된 조세채권에 기하여 납부된 세액을 보유한
다. 그런데 신고납부방식의 국세와 달리 취득세의 경우에는 경정
청구 등의 방법으로 잘못 신고되어 납부된 조세를 되돌려 받을
수 있는 법적 구제수단이 종래에는 전혀 없었다. 과세처분이나

경정청구 거부처분 등 행정처분이 있음을 전제로 한 법적 구제가 원천적으로 불가능하였다. 따라서 잘못된 신고에 의한 납세의무의 확정을 무효로 보지 않는다면, 납세의무자의 법적 구제를 사실상 봉쇄하게 되는 특수한 사정이 있었다. 그리하여 대법원 2009. 2. 12. 선고 2008두11716 판결은, 취득세 신고행위에 존재하는 하자가 중대하기는 하나 명백하지 않더라도, '사안 자체의 특수성'이 있음을 이유로 예외적으로 이와 같은 하자 있는 신고행위가 당연무효라고 판단하였다.

③ 일반적으로 법률이 헌법에 위반된다는 사정이 헌법재판소의 위헌결정이 있기 전에는 객관적으로 명백한 것이라고 할 수 없으므로 헌법재판소의 위헌결정 전에 행정처분의 근거가 된 당해 법률이 헌법에 위반된다는 사유는 특별한 사정이 없는 한 그 행정처분의 취소 사유에 해당할 뿐 당연무효 사유는 아니다(대법원 1994. 10. 28. 선고 92누9463 판결). 그리고 과세처분과 압류 등의 체납처분은 별개의 행정처분으로서 독립성을 가지므로 과세처분에 하자가 있더라도 그 부과처분이 취소되지 아니하는 한 그 부과처분에 의한 체납처분은 위법이라고 할 수 없다(대법원 1987. 9. 22. 선고 87누383 판결).

그러나 대법원 2012. 2. 16. 선고 2010두10907 전원합의체 판결은, 조세 부과의 근거가 되었던 법률규정이 위헌으로 선언된 경우, 비록 그에 기한 과세처분이 위헌결정 전에 이루어졌고, 그 과세처분에 대한 제소기간이 이미 경과하여 조세채권이 확정되었으며, 그 조세채권의 집행을 위한 체납처분의 근거 규정 자체에 대하여는 따로 위헌결정이 내려진 바 없다고 하더라도, 위와 같은 위헌결정 이후에 조세채권의 집행을 위한 새로운 체납처분에 착수하거나 이를 속행하는 것은 더 이상 허용되지 않고, 나아가 이러한 위헌결정의 효력에 위배하여 이루어진 체납처분은 그 사유만으로 하자가 중대하고 객관적으로 명백하여 당연무효라고 판단하였다. '위헌결정 전에 이미 형성된 법률관계에 기한 후속처분이라도 그것이 새로운 위헌적 법률관계를 생성·확대하는 경우라면' 법적 안정성의 요청을 후퇴시키고 정의의 요청을 관철하는 것이 옳다고 보아야 하는 '사안 자체의 특수성'이 있다고 이해한 것이다.

④ 대법원 2018. 7. 19. 선고 2017다242409 전원합의체 판결은, 의문의 여지가 있던 종합부동산세 계산식에 관한 법리가 대법원 판결로 분명하게 정리된 경우, 잘못된 법리에 따라 정당한 세액을 초과하여 납부받은 과세처분에 무효 사유가 있다고 볼 수 있는지 다투어진 사안에 관한 판단이다. 대법원은 "어느 법률관계나 사실관계에 대하여 어느 법령의 규정을 적용하여 과세처분을 한 경우에 그 법률관계나 사실관계에 대하여는 그 법령의 규정을 적용할 수 없다는 법리가 명백히 밝혀져서 해석에 다툼의 여지가 없음에도 과세관청이 그 법령의 규정을 적용하여 과세처분을 하였다면 그 하자는 중대하고도 명백하다고 할 것이나, 그 법률관계나 사실관계에 대하여 그 법령의 규정을 적용할 수 없다는 법리가 명백히 밝혀지지 아니하여 해석에 다툼의 여지가 있는 때에는 과세관청이 이를 잘못 해석하여 과세처분을 하였더라도 이는 과세요건 사실을 오인한 것에 불과하여 그 하자가 명백하다고 할 수 없다."라고 판단하였다.

　반면에, 신탁재산의 공급에 따른 부가가치세 납세의무자는
그 처분 등으로 발생한 이익과 비용이 최종적으로 귀속되는 신탁
계약의 위탁자 또는 수익자가 되어야 한다는 취지의 판례가 다수
있었는데, 이를 변경하여 재화의 공급이라는 거래행위를 통하여
그 재화를 사용·소비할 수 있는 권한을 거래상대방에게 이전한
수탁자로 보아야 한다는 대법원 2017. 5. 18. 선고 2012두22485
전원합의체 판결의 선고가 있은 다음, 수익자를 부가가치세 납세
의무자로 한 과세처분에 무효 사유가 있다고 볼 수 있는지 문제
가 된 사안에 관한 판단인 대법원 2017. 11. 14. 선고 2014두47099
판결은 무효 사유가 있다고 보았다. "부가가치세법은 재화의 공
급은 계약상 또는 법률상의 모든 원인에 따라 재화를 인도하거나
양도하는 것으로 한다고 규정하고 있다. 그런데 신탁법상의 신탁
은 위탁자가 수탁자에게 특정한 재산권을 이전하거나 기타의 처
분을 하여 수탁자로 하여금 신탁 목적을 위하여 그 재산권을 관
리·처분하게 하는 것이므로, 수탁자가 위탁자로부터 재산권을
이전받고 이를 전제로 신탁재산을 관리·처분하면서 재화를 공급
하게 된다. 따라서 채무자인 위탁자가 기존 채무의 이행을 담보
하기 위하여 수탁자에게 재산을 신탁하면서 채권자를 수익자로
지정하였더라도, 그러한 수익권은 신탁계약에 의하여 원시적으
로 채권자에게 귀속되는 것이어서 위 지정으로 인하여 당초 수탁
자에 대한 신탁재산의 이전과 구별되는 위탁자의 수익자에 대한
별도의 재화의 공급이 존재한다고 볼 수 없다. 그리고 신고납세
방식 조세에서 신고내용에 의하더라도 과세대상이 되는 법률관
계나 사실관계가 전혀 없어서 납세의무 자체가 성립하지 아니하

는 경우와 같이 과세표준 등의 신고행위나 이에 기초한 과세처분
이 객관적으로 타당한 법적 근거와 합리성이 없는 때에는 그 하
자는 중대할 뿐 아니라 명백하여 무효이다. 따라서 수익자를 납
세의무자로 하여 한 신고행위나 이에 기초한 부과처분은 무효이
다."라고 판단하였다.

위 사안의 신고행위나 부과처분은 수익자가 부가가치세의
납세의무자가 된다고 한 판례에 따라 이루어졌다는 점에서, 대법
원 2018. 7. 19. 선고 2017다242409 전원합의체 판결의 원칙적 관
점에서는 그 하자가 중대하고 명백하다고 할 수 없는 사안이다.
그러나 대법원은 선례가 되는 판례의 법리가 부가가치세법 과세
대상 규정의 문언에 비추어 수긍할 수 있는 한계를 넘어서는 잘
못된 해석으로 보았고, 불복기간이 지났다는 이유로 그 법적 구
제를 거부하는 것은 법적 안정성을 압도하는 정의의 요청에 눈감
는 것으로 생각한 것이다. 당연히 논란이 있을 수 있다고 예상되
었으나, 뜻밖에 조용하다.

(3) 행정처분이 무효가 되기 위해서는 그 하자가 법규의 중
요한 부분을 위반한 중대한 것으로서 객관적으로 명백한 것이어
야 한다는 '일반적인 기준'에 비추어 본다면, 위에서 든 판례들은
중대명백설을 이탈한 예외적인 지위에 있는 판례로 해석할 수 있
을 것이다. 그러나 하자가 중대하고 명백한 것인지를 판단할 때
그 법규의 목적, 의미, 기능 등을 목적론적으로 고찰함과 동시에
'구체적 사안 자체의 특수성'에 관하여도 합리적으로 고찰하여야
한다는 '구체적인 기준'에 비추어 본다면, 충분히 수긍할 수 있는
해석의 범위 내에 들어온다. 대법원이 제시하고 있는 중대명백설

법리의 '일반적인 기준'을 지나치게 강조하여 '구체적인 기준'이 보여주는 유연성과 탄력성을 무의미하게 하여서는 아니 될 것이다. 이 점에서 행정처분의 하자가 무효인지를 판단하는 기준으로서 중대명백설을 포기하고 중대설을 채택하여야 한다든지, 명백성 요건은 보충적 요건으로 삼아야 한다든지 하는 견해는 그 견해가 안고 있는 문제점을 차치하더라도 그 설득력의 상당 부분을 상실할 것이다.

제8장 새만금 판결이 남긴 의문

1. 들어가면서

(1) 검토의 필요성

새만금 사건이나 4대강 사건은 이 나라를 뒤흔든 논쟁의 대표적 사례로서, 법원의 심판대상이 되어 마무리되었다. 법원은 4대강 사건에서도 대체로 새만금 사건에서와 같은 판단구조를 유지하였다. 이러한 반복된 사건처리의 경험은 이후에도 되풀이될 가능성이 있다. 거기에서 드러난 판단구조는 행정소송법은 물론 행정법, 나아가 헌법적 관점에서 중대하고도 근본적인 문제를 노출하고 있다. 그런데도 그에 상응하는 인식이나 논의가 부족한 것으로 보인다. 최초의 중요한 선례가 된 새만금 사건에 관한 대법원 2006. 3. 16. 선고 2006두330 전원합의체 판결을 대상으로 하여 두 가지의 근본적인 주제를 다루고자 한다. 그 하나는 항고소송의 소송물이 위법성 일반이라고 하는 판례나 일반적 견해가 옳다고 할 수 있느냐는 문제이고, 다른 하나는 일반 행정처분과는 확연히 다른 특수성을 갖는 계획처분에 관한 사법적 통제가 일반 행정처분에서와 마찬가지 방법으로 이루어지는 것이 타당하다고 할 수 있느냐의 문제이다.

(2) 사안의 개요

논의에 앞서 새만금 판결의 전제가 되었던 사안의 개요를 간결하게 요약한다.

새만금간척종합개발사업은 농지조성과 용수개발을 주목적으로 하고 김제시, 군산시, 부안군을 사업구역으로 하여, 사업구역에 인접한 하구해역 40,100ha를 막아 28,300ha의 토지와 11,800ha의 담수호를 조성하는 사업이다. 이를 위하여 농림수산부장관은 1991. 10. 17. 공유수면매립면허처분을 하였고, 1991. 11. 13. 새만금사업 시행인가처분을 하였다.

새만금 사건의 원고들은 위 공유수면매립면허처분과 사업시행인가처분의 무효확인을 구하였다. 그 무효 사유로 사업의 경제성 결여, 사업의 필요성 결여, 적법한 환경영향평가의 결여, 담수호 수질 기준 및 사업목적 달성 불능 등의 사유를 들었다.

그리고 1998. 9. 25. 발표된 감사원의 특별감사 결과에서 새만금사업에 관한 여러 문제점이 지적되자, 일부 원고들은 공유수면매립법(2005. 3. 31. 법률 제7482호로 개정되기 전의 것) 제32조를 근거로 위 공유수면매립면허처분과 사업시행인가처분의 취소신청을 하였다. 취소신청이 거부되자 그 거부처분의 취소도 구하였으며, 사업목적, 농지의 필요성, 경제적 타당성, 수질관리 및 해양환경상의 사정변경을 취소 사유로 들었다.

2. 항고소송의 소송물

(1) 행정처분이 위법하다는 사유만으로 그 취소나 무효확인 청구를 인용하는 것이 어떤 결과를 가져오는가?

위법한 행정처분으로 인하여 권리나 법률상 이익을 침해받은 자는 항고소송을 제기할 수 있다. 그러나 권리나 법률상 이익을 침해받지 않았음에도 오로지 그 위법한 행정처분의 시정을 목적으로 항고소송을 제기하는 것은 허용되지 않는다. 이 점에 관하여 반론도 없지 않으나, 행정소송법의 규정으로부터 어렵지 않게 이러한 결론에 도달할 수 있다. 항고소송은 "행정청의 위법한 처분 그 밖에 공권력의 행사·불행사 등으로 인한 국민의 권리 또는 이익의 침해를 구제함을 목적으로 한다."라고 규정한 행정소송법 제1조, "취소소송은 처분 등의 취소를 구할 법률상 이익이 있는 자가 제기할 수 있다."라고 규정한 제12조, "무효등확인소송은 처분 등의 효력 유무 또는 존재 여부의 확인을 구할 법률상 이익이 있는 자가 제기할 수 있다."라고 규정한 제35조, "국가 또는 공공단체의 기관이 법률에 위반되는 행위를 한 때에 직접 자기의 법률상 이익과 관계없이 그 시정을 구하기 위하여 제기하는 소송"을 민중소송으로 규정한 제3조 제3호 및 "민중소송은 법률이 정한 경우에 법률에 정한 자에 한하여 제기할 수 있다."라고 규정한 제45조의 체계적 해석으로부터 자연스럽게 도출되는 결론이다.

법률이 명시적으로 규정하고 있지 않은 이상 "직접 자기의 법률상 이익과 관계없이 그 시정을 구하기 위하여 제기하는" 민중소송은 허용되지 않고 직접 자기의 법률상 이익의 침해를 구제받기 위한 항고소송만이 허용된다. 따라서 원고적격뿐만 아니라 소송물을 해석하는 경우에도 법률상 이익의 침해를 구제하는 것을 목적으로 하는 항고소송이 민중소송으로 그 성격이 바뀌는 것을 용인하여서는 아니 된다. 이러한 근본적인 관점을 외면한 해석은 옳다고 할 수 없다.

그러므로 원고적격은 행정처분의 취소나 무효확인을 구하는 청구원인이 행정처분이 위법하고 그 위법한 행정처분으로 인하여 원고의 권리나 법률상 이익을 침해받았다는 주장을 내용으로 하여야 긍정될 수 있다. 그리고 행정처분이 위법하고 그 위법한 행정처분으로 인하여 원고의 권리나 법률상 이익이 침해받았다는 주장이 증명되면 원고의 청구는 인용되고 증명이 없거나 부족하면 기각된다. 원고적격과 소송물에 관한 해석은 이 원칙으로부터 벗어나서는 아니 된다.

어떤 행정처분이 위법하다는 것과 그 위법한 행정처분으로 인하여 원고가 권리나 법률상 이익을 침해받았다는 것은 전혀 다른 측면이다. 그런데 대법원은 항고소송의 소송물(소송대상)을 위법성 일반이라고 판시하여왔다. 따라서 원고가 취소나 무효확인을 구하는 대상이 행정처분이라고 인정되고 원고적격을 인정받게 되면, 청구가 이유 있는지 살펴보는 과정에서 그 행정처분이 위법한지만을 살펴보고, 그 위법한 처분으로 인하여 원고가 권리나 법률상 이익을 침해받았는지 살펴보지 않는다. 그 결과 행정처분의 위법성이 인정되면 취소나 무효확인을 선언할 수밖에 없다. 무효확인의 경우도 위법의 내용을 이루는 하자가 중대하고 명백하여야 한다는 점을 제외하고는 취소의 경우와 다르지 않다. 그러므로 확인된 위법한 행정처분으로 인하여 원고의 권리나 법률상 이익이 침해되지 않았다 하더라도 취소나 무효확인 청구가 인용되어야 한다. 이러한 판단구조를 더욱 자세하게 살펴볼 필요가 있다.

(2) 처분 상대방이 원고인 경우, 청구를 인용하기 위해 법률상 이익의 침해를 따로 살펴보지 않아도 되는 이유는 무엇인가?

행정처분의 상대방은 그 행정처분이 위법한 것으로 인정되면 그 위법한 행정처분으로 인하여 권리나 법률상 이익을 침해받는다고 볼 수 있다. 예컨대, 침익적 처분의 대표적 사례라고 할 수 있는 과세처분은 처분 상대방에게 납세의무를 부담시키는 것이다. 그런데 그 처분이 위법한 것으로 인정된다면 그 위법한 처분에 의하여 부담하지 않아도 되는 납세의무를 부담시키는 것이므로 당연히 처분 상대방의 권리나 법률상 이익을 침해하는 결과가 된다. 또한, 수익적 처분의 대표적 사례라고 할 수 있는 건축허가 신청에 대하여 행정청이 거부처분을 하면 처분 상대방은 허가에 따라 건축할 수 있는 법률상 이익을 누릴 수 없다. 법률이 규정한 허가요건의 충족 여부를 잘못 판단하여 허가를 거부하였다면 그러한 거부처분은 위법하고 그 위법한 처분에 의하여 법률상 이익을 누릴 수 없게 되므로 당연히 처분 상대방의 권리나 법률상 이익을 침해하는 결과가 된다. 행정처분의 위법은 처분 상대방의 권리나 법률상 이익의 침해로 귀결된다는 것을 알 수 있다.

이처럼 행정처분의 위법성이 인정되면 처분 상대방이 권리
나 법률상 이익을 침해받는 관계에 있으므로, 처분 상대방이 원
고인 경우, 청구원인으로 행정처분이 위법한 사유만을 주장하면
충분하고, 원고적격이 있다는 근거로서 항고소송을 제기할 법률
상 이익이 있다는 점을 따로 주장할 필요가 없다. 법원 역시 이
점을 따로 살펴볼 필요가 없다.

처분 상대방이 원고인 경우, 청구가 이유 있는지를 판단할
때에도 행정처분이 위법하다는 사유가 인정되는지만을 살펴보면
충분하고, 그 위법한 처분으로 인하여 원고의 권리나 법률상 이
익이 침해된 점이 인정되는지 따로 살펴볼 필요가 없다. 원고가
주장하는 행정처분의 위법성이 인정되면 원고의 권리나 법률상
이익이 침해되기 때문이다. 그리하여 항고소송의 소송물을 위법
성 일반이라고 하여도 별다른 문제가 야기되지 않는다. 이와 달리
항고소송의 소송물을 행정처분의 위법성과 그로 인한 원고의 권
리나 법률상 이익의 침해라고 하여도 그 결과가 바뀌지는 않는다.

(3) 처분 상대방이 아닌 제3자가 원고인 경우, 청구를 인용 하기 위해 법률상 이익의 침해를 따로 살펴보아야 하는 이유는 무엇인가?

그러나 처분 상대방이 아닌 제3자가 항고소송을 제기하는
경우에는 상황이 전혀 다르다. 어떤 행정처분이 위법하다고 하더
라도 그 위법 사유에 따라 제3자는 권리나 법률상 이익을 침해받
을 수도 있고 침해받지 않을 수도 있다. 위법한 행정처분이라고
하더라도 그 위법 사유로 인하여 제3자의 권리나 법률상 이익이

침해되지 않는다면, 그 제3자가 항고소송을 제기할 '법률상 이익이 있는 자'라고 할 수 없으므로 원고적격이 있다고 할 수 없다. 따라서 제3자가 원고적격을 인정받기 위해서는 행정처분이 위법한 사유를 주장하는 것으로는 부족하고 그 위법 사유로 인하여 권리나 법률상 이익을 침해받는다는 점까지 주장하여야 한다. 그러한 주장이 일응 수긍할 수 있으면 원고적격이 인정된다. 그리고 행정처분이 위법하다는 점과 그 위법 사유로 인하여 제3자의 권리나 법률상 이익이 침해된다는 점이 인정되어야 처분의 취소나 무효확인 청구가 인용될 수 있다. 행정처분이 위법한 점은 인정되나 그 위법 사유로 인하여 제3자의 권리나 법률상 이익을 침해받았다는 점이 인정되지 않는다면 처분의 취소나 무효확인 청구가 인용될 수 없다.

새만금 사건의 무효확인과 취소 청구의 대상이 된 공유수면매립면허처분과 농지개량사업 시행인가처분의 상대방은 농림수산부장관이고, 원고들은 제3자이다. 따라서 원고들이 원고적격을 인정받기 위해서는 그 각 처분이 위법하다는 점과 함께 그로 인하여 원고들의 권리나 법률상 이익이 침해된다는 점을 주장하여야 한다. 그리고 그러한 주장이 인정되어야 원고들의 청구가 인용될 수 있다.

대법원은 다음과 같은 이유로 일부 원고들의 원고적격을 긍정하는 한편 나머지 원고들의 원고적격을 부정하였다. "공유수면매립면허처분과 농지개량사업 시행인가처분의 근거 법규 또는 관련 법규가 되는 구 공유수면매립법, 구 농촌근대화촉진법, 구 환경보전법과 그 시행령, 구 환경정책기본법과 그 시행령의 각 관련 규정의 취지는, 공유수면매립과 농지개량사업시행으로 인하여 직접적이고 중대한 환경피해를 입으리라고 예상되는 환경영향평가 대상 지역 안의 주민들이 전과 비교하여 수인한도를 넘는 환경침해를 받지 아니하고 쾌적한 환경에서 생활할 수 있는 개별적 이익까지도 이를 보호하려는 데에 있다고 할 것이므로, 위 주민들이 공유수면매립면허처분 등과 관련하여 갖고 있는 위와 같은 환경상의 이익은 주민 개개인에 대하여 개별적으로 보호되는 직접적·구체적 이익으로서 그들에 대하여는 특단의 사정이 없는 한 환경상의 이익에 대한 침해 또는 침해 우려가 있는 것으로 사실상 추정되어 공유수면매립면허처분 등의 무효확인을 구할 원고적격이 인정된다고 할 것이다. 한편, 환경영향평가 대상 지역 밖의 주민이라 할지라도 공유수면매립면허처분 등으로 인하여 그 처분 전과 비교하여 수인한도를 넘는 환경피해를 받거나 받을 우려가 있는 경우에는, 공유수면매립면허처분 등으로 인하여 환경상 이익에 대한 침해 또는 침해 우려가 있다는 것을 입증함으로써 그 처분 등의 무효확인을 구할 원고적격을 인정받을 수 있다고 할 것이다."

결국, 제3자가 공유수면매립면허처분과 농지개량사업 시행인가처분으로 인하여 환경상 이익을 침해받을 우려가 있으면 그 처분에 관하여 무효확인이나 취소를 구할 법률상 이익이 있다고 할 수 있고, 따라서 원고적격이 긍정된다는 취지이다. 나아가 환경상 이익을 침해받은 사실이 인정된다면 침해받은 원고의 청구는 인용될 것이다. 환경상 이익은 개별 원고들의 법률상 이익에 해당한다는 점을 긍정한 것이다.

(4) 항고소송의 소송물을 위법성 일반이라고 보는 이해가 야기하는 체계상 모순은 무엇인가?

그런데 환경상 이익이 침해되었다는 사유를 위법 사유로 주장하지 않고 다만 사업의 경제성 결여를 위법 사유로 삼아 청구하였다면 원고적격이 인정될 수 있었을까? 부정되어야 할 것이다. 사업의 경제성이 없음에도 사업을 시행함으로써 야기되는 손해를 개별 국민이 직접 입게 된다고 볼 수 없는 이상 그들의 권리나 법률상 이익을 침해한다고 할 수 없기 때문이다. 그리고 설사 사업의 경제성이 없다는 위법 사유가 인정되고 그 위법이 중대하고 명백하여 무효 사유에 해당하더라도 이로 인하여 원고들의 권리나 법률상 이익이 침해되는 것은 아니므로, 무효확인 청구가 인용되어서는 아니 된다. 이와 달리 사업의 경제성 결여를 근거로 하여 원고적격을 인정할 수 있고 나아가 청구가 인용될 수 있다고 본다면, "직접 자기의 법률상 이익과 관계없이 그 시정을 구하기 위하여 제기하는" 민중소송을 허용하는 것이다.

원고가 주장하는 위법 사유가 원고의 권리나 법률상 이익을 침해하는 것이 아니어서 원고적격을 긍정하는 근거가 될 수 없다면, 그 위법 사유를 근거로 원고의 청구도 인용할 수 없다고 보아야 한다. 이와 달리 그 위법 사유를 근거로 원고의 청구를 인용할 수 있다고 한다면, 마땅히 그 위법 사유를 근거로 원고적격도 긍정할 수 있다고 보아야 할 것이다. 원고의 법률상 이익으로 볼 수 있는 환경상 이익이 침해될 우려가 있다는 위법 사유를 근거로 원고적격이 긍정되었다면, 원고의 청구가 인용되기 위하여서는 구체적으로 원고의 환경상 이익이 침해되었거나 침해될 우려가 있다는 점이 인정되어야 한다. 그런데 항고소송의 소송물을 위법성 일반이라고 이해하는 한, 원고의 환경상 이익이 침해될 우려가 있다는 주장을 내세워 원고적격이 긍정되면, 원고의 환경상 이익이 침해되었거나 침해될 우려가 있다는 점이 인정되지 않고 원고의 법률상 이익과 관계가 없는 사업의 경제성 결여라는 위법 사유가 인정되더라도 원고의 청구가 인용되어야 한다. 체계 논리상 모순이 생겨난다.

새만금 사건의 무효확인 청구에서 공유수면매립면허처분과 사업시행인가처분의 위법 사유로 주장된 사업의 필요성 결여, 사업목적 달성 불능 등의 사유나 그 각 처분의 취소신청 거부처분 취소 청구에서 위법 사유로 주장된 사업목적, 농지의 필요성, 경제적 타당성 등의 사유에 관하여도 이와 같은 설명이 그대로 타당하다. 그러므로 이들 위법 사유에 관하여 판단할 필요가 없다. 그런데도 대법원을 비롯한 원심법원, 제1심법원 모두 이들 사유에 관하여 하나하나 판단하였다. 개개의 사유가 원고들의 권리나 법률상 이익을 침해하는지에 관하여는 아무런 판단도 하지 아니하였다. 원고들이 그에 관한 구체적인 주장을 하였다고 할 만한 흔적도 판결문을 통하여서는 찾아보기 어렵다.

항고소송의 소송물이 위법성 일반이라고 하는 판례는 아마도 일본 판례의 영향을 받은 것으로 짐작된다. 그런데 일본 행정사건소송법 제10조 제1항은 "취소소송에 있어서는 자기의 법률상 이익에 관계가 없는 위법을 이유로 하여 취소를 구할 수 없다."라고 규정하고 있다. 무효확인소송도 주관소송임에는 변함이 없으므로 이 규정이 유추적용되어야 한다는 하급심의 재판례가 있다. 항고소송의 소송물을 위법성 일반이라고 하더라도 이러한 규정과 해석을 통하여 민중소송으로 바뀌는 것이 방지될 수 있다. 독일 행정법원법 제42조 제2항은 "법률상 별도의 규정이 없는 한, 원고가 행정처분 또는 행정처분의 거부나 부작위로 인하여 자기의 권리가 침해되었음을 주장하는 경우에 한하여 소를 제기할 수 있다."라고 규정하는 한편, 제113조 제1항은 "행정처분이 위법하고 원고가 그 위법한 처분으로 인하여 그의 권리를 침해받았다면 법원은 그 행정처분을 취소한다."라고 규정함으로써, 처분의 위법성 이외에 이로 인한 권리의 침해를 취소소송의 소송물로 삼고 있다. 무효확인소송의 경우에도 민중소송이 되는 것을 방지하기 위해서는 이 규정이 유추적용되어야 한다는 것이 연방행정법원의 확립된 판례이다. 그러므로 일본이나 독일에서는 원고가 자신의 권리나 법률상 이익에 영향을 미치는 위법을 문제삼지 않고는 자신의 청구를 관철할 수 없다.

　　그동안 우리 항고소송에서 처분 상대방이 원고인 경우가 대부분이었고 처분 상대방이 아닌 제3자가 원고인 경우에도 앞서 살펴본 민중소송으로 성격이 바뀌는 상황이 의식될 만한 경우는 많지 않았을 것이다. 이러한 탓에 소송물을 어떻게 파악하느냐에 따라 생겨나는 차이와 의미를 분명하게 인식하지 못하였던 것으로 보인다. 자기의 법률상 이익과 관계가 없는 위법 사유를 주장하여 그에 관한 증명을 하더라도 행정처분의 취소나 무효확인을 선언하여서는 아니 된다면, 원고가 그러한 위법 사유를 주장하는 경우 법원은 그에 관한 당부의 판단을 할 필요가 없다. 그러한 위법 사유는 심리와 판단의 대상에서 제외되어야 한다.

(5) 권력분립 원리의 관점에서 항고소송의 소송물은 어떻게 이해되어야 하는가?

법률이 명시적으로 규정하고 있지 않은 이상 "직접 자기의 법률상 이익과 관계없이 그 시정을 구하기 위하여 제기하는" 민중소송은 허용되지 않고 직접 자기의 법률상 이익의 침해를 구제받기 위한 항고소송만이 허용된다는 원칙은, 헌법상 권력분립 원리의 관점에서 이해하여야 한다.

민사재판권이나 형사재판권은 역사적으로 법원의 고유한 관할에 속한다. 그 직무수행의 전문성에 관하여도 다른 국가기관에 대하여 확고한 지위에 있으므로 논란의 여지가 없다. 행정재판권은 이들 재판권과는 다른 특수성을 갖는다. 행정부는 그에게 주어진 행정의 책무를 실현하기 위하여 법을 적용하여 집행하는 기관이라고 할 수 있다. 사법부는 무엇이 법인지에 관하여 다툼이 발생한 경우에 그 다툼을 해결하기 위하여 법을 적용하여 집행하는 기관이라고 할 수 있다. 행정부의 법 집행과 관련된 다툼을 해결하는 권한을 사법부가 당연히 취득하는 것은 아니다. 행정부의 법 집행과 관련된 사항이라는 점을 중시하여 그 다툼의 해결 또한 행정부의 관할에 유보하는 나라도 있고, 법 집행과 관련된 다툼이라는 점을 중시하여 사법부의 관할에 귀속시키는 나라도 있다. 전자의 경우에는 행정부의 법 집행과 관련된 다툼의 해결은 행정부 내부의 객관적 통제의 성격을 갖게 되어 행정재판권에 어떤 제한을 가할 필요성이 적다. 반면에, 후자의 경우에는 행정권과 사법권 사이의 권력분립이라는 근본원리로부터 비롯되는 내재적 요구가 다음과 같은 행정재판권에 대한 제한으로 작용하게 된다.

첫째, 행정청의 행정작용으로 인하여 국민의 권리나 법률상 이익을 침해하는 경우에만 사법권에 속하는 행정재판권에 법적 구제를 신청할 수 있고 그 이외에는 허용되지 않는다는 것이다. 행정재판권을 사법권에 귀속시키는 근거 중 가장 중요한 것은, 행정부가 그의 행정작용으로 인하여 국민의 권리나 법률상 이익을 침해하였음에도 그에 관한 불복을 그 자신이 처리하도록 한다면 공정한 처리를 기대할 수 있겠느냐 하는 점일 것이다. 그런데 국민의 권리나 법률상 이익의 침해가 없음에도 사법권에 속하는 행정재판권에 위법한 행정작용에 대한 시정을 구할 수 있는 민중소송을 허용한다면, 사법권은 행정권에 대하여 모든 행정작용에 걸쳐 통제하고 감독하는 상급기관으로서 위치하게 될 것이다. 행정의 사법에 대한 종속을 가져온다.

다만, 국민의 권리나 법률상 이익과 관계없는 사안이라고 하더라도, 법원의 판단을 통하여 적법성 통제를 하는 것이 바람직스럽다고 인정되는 사항에 국한하여, 국민의 대표자로 구성되는 입법부로 하여금 신중하게 위와 같은 권한 배분에 관하여 예외적인 수정을 할 수 있도록 허용한 것이다. "지방자치법 제16조 제1항에 따라 공금의 지출에 관한 사항, 재산의 취득·관리·처분에 관한 사항, 해당 지방자치단체를 당사자로 하는 매매·임차·도급계약이나 그 밖의 계약의 체결·이행에 관한 사항, 또는 지방세·사용료·수수료·과태료 등 공금의 부과·징수를 게을리한 사항을 감사 청구한 주민은 그 감사 청구한 사항과 관련이 있는 위법한 행위나 업무를 게을리한 사실에 대하여 해당 지방자치단체를 상대방으로 하여 소송을 제기할 수 있다"라고 규정하고 있는 지방자치법 제17조의 주민소송이 이러한 민중소송의 대표적인 예이다.

둘째, 행정청의 행정작용으로 인하여 국민의 권리나 법률상 이익을 침해할 가능성이 있어 사법권에 속하는 행정재판권에 법적 구제를 신청할 수 있다 하더라도, 사법부는 행정작용이 위법한지만 심사할 수 있고 이를 넘어 행정청의 재량범위에 속하는 판단을 사법적 판단으로 갈음할 수 없다는 것이다. 재량범위에 속하는 판단까지 사법적 판단으로 갈음할 수 있게 된다면 행정청에 남는 판단 권능은 아무것도 없게 되며, 행정청은 그 고유한 판단으로 책무를 수행할 수 없다. 궁극적으로 고유한 행정기능을 부정당하게 되는 것이다.

그러므로 항고소송의 소송물을 해석하면서 항고소송을 국민의 권리나 법률상 이익의 침해를 구제하는 소송의 성격을 벗어나 민중소송으로 변질시키는 해석을 용인하는 것은 헌법이 규정한 권력분립의 원리를 훼손하는 문제를 야기한다. 행정작용에 대한 사법적 통제를 통한 법치주의의 관철은 무제한이 아니다. 권력분립 원리에 따라 정하여지는 사법권의 범위와 한계 내의 책무이다.

(6) 민주주의와 법치주의의 조화라는 관점에서 항고소송의 소송물은 어떻게 이해되어야 하는가?

또한, 법률이 명시적으로 규정하고 있지 않은 이상 "직접 자기의 법률상 이익과 관계없이 그 시정을 구하기 위하여 제기하는"
민중소송은 허용되지 않고 직접 자기의 법률상 이익의 침해를 구
제받기 위한 항고소송만이 허용된다는 원칙은, 헌법상 민주주의
원리와 법치주의 원리의 조화라는 관점에서 이해하여야 한다.

사회적으로, 국가적으로 중대한 의미가 있는 국책사업을 둘
러싸고 의견이 갈리는 분쟁이 발생하여 쉽사리 그 해결책을 찾기
어려운 경우 분쟁 해결을 위한 중립적 국가기관인 사법부의 객관
적인 판단을 통하여 올바른 해결책을 찾고자 한다. 법원은 다른
국가기관과 달리 어떤 영향을 받지 않고 독립적인 지위에서 판단
을 내릴 수 있다는 사법의 고유한 속성으로 인하여 그 판단의 객
관성이나 공정성을 담보하는 외양을 갖는 것이 분명하다. 이러한
사정이 사법부에 의한 분쟁의 최종적 해결을 지지하는 중요한 원
인이 될 것이다. 행정의 적법성에 대한 통제의 폭과 정도를 확대
하고 강화하는 것이 법치국가의 이념에 합치된다는 점을 근거로
이를 옹호하기도 한다. 사법적극주의라는 이름으로 이러한 태도
를 지지하는 경향도 있다.

그러나 판단의 객관성이나 공정성을 담보하는 외양보다 중
요한 것은 법원이 행정청에 의한 결정, 국회에 의한 통제, 언론이
나 국민에 의한 비판 등으로 실현되는 정책통제기능을 넘어 과연
우월한 정책 판단을 내릴 식견이나 전문성을 갖고 있느냐 여부이
다. 사업의 필요성 여부나 경제성 여부, 사업목적의 달성 여부를
법원이 더욱 올바르게 판단할 수 있는 식견이나 전문적인 능력이
있다고 쉽사리 대답하기는 어려울 것이다. 소수의 법관에 의한
판단이 그 소송에 이르기까지의 과정에서 내려진 판단에 견주어

더욱 타당할 것이라는 점을 뒷받침할 근거는 없다. 그들 역시 그에 이르기까지 다양하게 의견을 표시한 전문가들과 별다른 차이가 없는 식견이나 능력을 갖고 있거나 오히려 그보다 못할 가능성도 배제할 수 없다. 법원의 판단이라는 권위에 의하여 지지된다는 점 이외에 종래 행정청의 의견을 일부 법관의 의견으로 대체하는 것과 다를 바 없을 수도 있다.

　법원이 판단하여야 할 항고소송의 대상이 국민의 권리나 법률상 이익을 침해하는 것이어서 사법권의 범위와 한계 내에 있다고 볼 수밖에 없는 경우라면, 그 판단대상이 매우 전문적이고 높은 식견을 필요로 하는 까닭에 올바른 판단을 하기가 매우 어렵다고 하더라도, 법원은 그 책무를 회피하여서도 아니 되고 벗어날 수도 없다. 법원이 가진 모든 능력과 성실성을 다하여 부여된 책무를 제대로 수행하여야 한다. 이것이 사법적극주의의 의미라고 하겠다. 예컨대, 새만금 판결 사안에서 적법한 환경평가가 결여되었다는 절차적 하자에 관한 주장만이 쟁점이 되었으나, 나아가 원고들의 법률상 이익인 환경상 이익이 직접 침해되었다는 주장이 있었다면, 이에 관한 심리와 판단이 이러한 사례에 해당한다고 할 수 있다.

　새만금 사업이나 4대강 사업을 시행한 것이 타당한 것이냐를 둘러싼 의견대립은 그에 관련된 소송이 종결되고 많은 시간이 지난 현재의 시점에서도 정리되었다고 할 수 없다. 관점의 차이에 따른 이견은 앞으로도 존재할 것이다. 이는 법적인 문제가 아니라 정책적인 문제임을 의미한다. 정책적인 문제는 정책에 관한 토론과정과 여론을 통한 통제, 궁극적으로 선거를 통한 정책에

관한 심판과정을 통하여 해결되는 것이 타당하다. 이러한 문제는
법치주의 원리가 아니라 민주주의 원리에 따라 해결되어야 할 사
항인 것이다. 법치주의를 과도하게 실현하고자 하면 민주주의의
실현이 어려워지게 된다는 점을 유의하여야 한다. 그러므로 이는
민주주의와 법치주의 사이의 조화와 한계의 문제라고 이해할 수
있다.

(7) 요약

이상에서 살펴본 바를 요약하면, 새만금 사건이나 4대강 사
건과 같이 행정처분의 상대방이 아닌 제3자가 원고적격을 인정받
아 취소나 무효확인 청구의 당부에 관한 판단에까지 이르는 경
우, 항고소송의 소송물이 위법성 일반이라는 종래의 판례를 고수
하는 한, 항고소송이 법률상 이익의 침해를 받은 당사자를 구제
하는 소송이라는 성격을 벗어나서 민중소송으로 변질될 수 있다
는 것이다. 이는 행정소송법의 규정을 위반하는 것이며, 이로써
헌법이 규정한 권력분립의 원칙을 훼손하는 동시에, 과도한 법치
주의의 추구로 민주주의를 위태롭게 할 수도 있는 것이다. 이러한
사건에서 원고적격을 환경영향평가 대상 지역 안에 거주하는 주
민에게만 인정한다고 하여 그러한 결과가 달라지는 것도 아니다.

이와 같은 문제점을 바로잡기 위해서는 일본의 경우와 같이
항고소송의 소송물을 위법성 일반이라고 보면서도 자기의 법률
상 이익과 관계가 없는 위법을 이유로 하여 취소나 무효확인을
구할 수 없다고 하거나, 독일의 경우와 같이 항고소송의 소송물
을 처분의 위법성 이외에 이로 인한 권리나 법률상 이익의 침해

까지 포함한다고 보는 것으로 충분하다. 행정소송법의 개정이 필요 없다. 대법원 전원합의체 판결을 통하여 그러한 법리를 선언하는 것으로 문제 해결은 가능하다. 행정소송법의 규정에 위반되는 것이거나 벗어나는 것이 아니고, 오히려 합치되는 것이기 때문이다. 명시적인 규정을 둔다면, 이는 현행 행정소송법과 헌법의 체계적 해석으로부터 생겨나는 당연한 결론을 구체화하여 확인하는 성격을 가질 뿐이다.

3. 계획처분에 대한 사법적 통제

(1) 문제의 제기

일부 원고들이 공유수면매립법(2005. 3. 31. 법률 제7482호로 개정되기 전의 것) 제32조를 근거로 공유수면매립면허처분과 사업시행인가처분의 취소신청을 하였다가, 취소신청이 거부되자 그 거부처분의 취소를 구하였다. 공유수면매립법 제32조는 "해양수산부장관 또는 시·도지사는 매립공사의 준공인가 전에 공유수면의 상황변경 등 예상하지 못한 사정변경으로 인하여 공익상 특히 필요한 경우 등의 사유가 있는 경우에는 이 법에 의한 면허 또는 인가 등을 취소·변경하거나 매립공사의 시행구역 안에 있는 공작물 기타 물건의 개축·제거 또는 원상회복 기타 필요한 처분을 할 수 있다."라고 규정하고 있다. 대법원은 이 규정에 근거한 일부 원고들의 공유수면매립면허처분과 사업시행인가처분의 취소신청에 대한 거부행위에 관하여 그 청구가 이유 있는지를 판단하였으므로, 그 거부행위가 행정처분에 해당하는 것이라고 전제한 것이다. 하지만 종래의 관점에 의하면, 이 경우 행정처분에 해당하는지가 의심스럽다. 그런데도 아무런 법적 논증이 없다. 그 법리적 근거가 무엇인지 해명될 필요가 있는 것이다.

위 취소신청 거부행위 사안과 유사한 사안에 관한 대법원 1999. 12. 7. 선고 97누17568 판결은 새만금 판결과 다른 결론을 내렸었다. 이 사안은 제3자인 원고가 건축법(1999. 2. 8. 법률 제5895호로 개정되기 전의 것) 제69조 제1항 및 제70조 제1항을 근거로 공동주택에 대한 건축허가와 준공검사를 취소하여 달라거나 철거명령을 하여 달라고 요구한 사안이다. 건축법 제69조 제1항은 "시장·군수·구청장은 대지 또는 건축물이 이 법 또는 이 법의 규정에 의한 명령이나 처분에 위반한 경우에는 이 법의 규정에 의한 허가 또는 승인을 취소하거나 그 건축물의 건축주·공사시공자·현장관리인·소유자·관리자 또는 점유자에 대하여 그 공사의 중지를 명하거나 상당한 기간을 정하여 그 건축물의 철거·개축·증축·수선·용도변경·사용금지·사용제한 기타 필요한 조치를 명할 수 있다."라고 규정하고 있었고, 제70조 제1항은 "시장·군수·구청장은 기존건축물이 국가보안상 또는 제4장(제30조 내지 제37조) 또는 제45조의 규정에 위반함으로써 공익상 현저히 유해하다고 인정하는 경우에는 시·도지사의 승인을 얻어 당해 건축물의 철거·개축·증축·수선·용도변경·사용금지·사용제한 기타 필요한 조치를 명할 수 있다."라고 규정하고 있었다. 대법원은, "건축법 및 기타 관계 법령에 국민이 행정청에 대하여 제3자에 대한 건축허가의 취소나 준공검사의 취소 또는 제3자 소유의 건축물에 대한 철거 등의 조치를 요구할 수 있다는 취지의 규정이 없고, 건축법 제69조 제1항 및 제70조 제1항은 각 조항 소정의 사유가 있는 경우에 시장·군수·구청장에게 건축허가 등을 취소하거나 건축물의 철거 등 필요한 조치를 명할 수 있는 권한 내지 권능을 부여한 것에 불과할 뿐, 시장·군수·구청장에게 그러한 의무가 있음을 규정한 것은 아니므로 위 조항들도 그 근거 규정이 될 수 없으며, 그 밖에 조리상 이러한 권리가 인정된다고 볼 수도 없다."라는 이유로 건축허가와 준공검사 취소신청이나 철거명령에 대한 거부행위가 행정처분에 해당하지 않는다는 취지로 판단하였다.

　　이러한 선례의 논리에 따른다면, 공유수면매립법 및 관계 법령에 국민이 행정청에 대하여 제3자에 대한 공유수면매립면허처분과 사업시행인가처분의 취소를 요구할 수 있다는 취지의 규정이 없고, 공유수면매립법 제32조는 그 조항 소정의 사유가 있는 경우에 해양수산부장관 또는 시·도지사에게 그 법에 의한 면허 또는 인가 등을 취소·변경하거나 매립공사의 시행구역 안에 있는 공작물 기타 물건의 개축·제거 또는 원상회복 기타 필요한 처분을 할 수 있는 권한 내지 권능을 부여한 것에 불과할 뿐, 해양수산부장관 또는 시·도지사에게 그러한 의무가 있음을 규정한 것은 아니므로 위 조항도 그 근거 규정이 될 수 없으며, 그 밖에 조리상 이러한 권리가 인정된다고 볼 수도 없다고 판단하는 것이 옳았을 것이다. 그럼에도 새만금 판결 사안은 선례 사안과 어떤 이유로 달리 판단되어야 하는지 근거를 밝히지 않고 있다.

(2) 계획처분의 불복기간이 지난 다음에 그 처분을 사실상 다시 다툴 수 있도록 하는 것이 타당한가?

새만금 사업의 공유수면매립면허처분과 사업시행인가처분과 같은 계획처분에서는 그 사업의 시행을 위한 시간이 장기간 필요하며 기술적이고 전문적인 판단이 필요하고 그러한 판단이 이루어지더라도 그 판단이 모든 점에서 정확할 수 없으며 상황의 변동에 따라 애초 예측과 달라지게 되어 수정이 필요한 경우가 생겨난다. 오히려 이러한 경우가 일반적이고, 애초 수립된 계획의 근거가 된 사실관계나 그에 기초한 판단에 오차가 없는 경우는 매우 드물 것이다. 계획처분이 갖는 이러한 특수성 때문에 일반적으로 그 근거 법률은 이에 대비한 규정을 두고 있다. 공유수면매립법 제32조의 규정이 이에 해당한다. 공유수면매립면허처분과 사업시행인가처분 후에 생겨난 사정변경에 상응하여 사업의 적법성과 합목적성이 계속하여 보장되도록 행정청이 필요한 처분을 할 수 있는 권한 내지 권능을 수권하는 근거 규정이다. 결코, 처분의 취소를 구할 수 있는 불복기간이 지난 다음에도 그 취소신청을 구하는 일반적인 근거로서 규정된 것은 아니다. 이 규정에 근거하여 공유수면매립면허처분과 사업시행인가처분 후에 생겨날 수밖에 없는 사정변경을 구실로 사실상 불복기간에 구애받지 않고 그 처분을 지속적으로 다툴 수 있게 하는 결과를 용인하면, 취소 사유가 있다고 하더라도 불복기간이 지나면 불가쟁력이 발생하여 다툴 수 없다는 원칙을 허물어 버리는 것이다. 선행 행정처분이 유효하게 존속함을 전제로 다수의 행정처분 등 행정작용이 연속적으로 이루어지면서 장기간에 걸쳐 동적으로 진행되는 사업에서 그 토대가 되는 계획처분을 끊임없이 뒤흔드는 것을 허용하는 것이다. 이는 계획처분의 성격과 조화를 이룰 수 없는 해석이다.

새만금 사업의 공유수면매립면허처분과 사업시행인가처분과 같은 계획처분은 성격상 그 계획처분을 신뢰하여 당초 계획대로 계획이 유지되기를 기대하는 수많은 이해관계인이 있다. 이에 반하여, 그 처분의 취소를 구하는 원고들은 계획의 국지적인 부분에만 이해관계를 가질 수 있다. 계획처분은 매우 복합적인 이해관계를 포괄하고 있으며, 개별적인 이익을 넘어서는 공공의 이익을 고려하여야 하는 근본적인 문제가 있다. 그런데도 수많은 이해관계인이나 공공의 이익을 심리과정에서 실효적으로 반영할 수 있는 절차나 실체적 법리가 뚜렷하게 형성되어 있지 않다. 이러한 상황에서 그 계획처분에 원고들의 권리나 법률상 이익에 영향이 없는 하자가 있음을 주장하고 있을 뿐임에도 그에 관한 심리와 판단을 한 다음 계획처분 전부의 취소를 할 수밖에 없는 새로운 불복의 통로를 지속적으로 열어놓는 것이 타당한지 숙고할 필요가 있다. 원고들의 법률상 이익의 구제는 되지 않으면서 공공의 이익을 희생하는 결과가 될 수 있다. 대법원 1999. 12. 7. 선고 97누17568 판결 사안처럼 건축주와 인근 주민 사이의 관계와 같이 훨씬 단순한 이해관계로 대립하고 있고 그 이익의 침해 여부도 분명하게 판단될 수 있는 사안에서, 행정청의 개입청구에 대한 거부를 행정처분으로 인정하지 않았다. 그런데도 이같이 단순하지 않은 계획처분의 사안에서 행정청의 개입청구에 대한 거

부를 별다른 요건을 전제하지 않고 행정처분으로 쉽사리 인정함
으로써 불복할 수 있도록 한 것은 잘 이해되지 않는다.

(3) 이른바 행정개입청구권을 인정하기 위한 요건은 무엇
인가?

한편, 공유수면매립면허처분과 사업시행인가처분 후에 생겨
난 사정변경으로 인하여 개인의 법률상 이익이 침해되는 상황에
이른 경우에도 불복기간이 지났다는 이유로 이를 구제받기 위한
수단이 존재하지 않게 된다면 헌법이 보장한 재판청구권의 의미
는 퇴색할 것이다. 이러한 경우에 대한 해결책으로 이른바 행정
개입청구권을 고려할 수 있을 것이다. 사정변경으로 인하여 개인
의 권리나 법률상 이익이 침해되는 사정이 발생하였고, 그러한
권리나 법률상 이익의 침해를 구제하기 위해서 행정청이 공유수
면매립법 제32조에 의한 필요한 처분을 해야 할 의무를 부담함에
도 그 의무를 이행하지 않고 있다는 점을 행정청에 대하여 구체
적으로 주장함으로써 위 규정에 따른 권한 발동을 요구하여야 한
다. 그리고 법령에 따라 필요한 처분을 해야 할 행정청의 의무에
관한 재량이 영(零)으로 수축되었음을 전제로 한다. 이 점이 주장
되어야 행정청의 거부행위가 행정처분으로 인정되고 원고적격이
인정될 수 있다. 그에 관한 증명이 있을 때 필요한 처분의 거부처
분을 취소하는 인용 판결이 있게 된다.

그런데 새만금 사건에서 원고들이 처분 후에 생겨난 사정변
경으로 인하여 그들의 권리나 법률상 이익이 침해되는 사정이 발
생하였고, 그러한 권리나 법률상 이익의 침해를 구제하기 위해서

행정청이 공유수면매립법 제32조에 의한 필요한 처분을 할 의무를 부담하는데 그 의무에 관한 재량이 영으로 수축되었으며, 그런데도 그 의무를 이행하지 않고 있다는 구체적 사정을 주장, 증명하였다는 점을 찾을 만한 자료가 없다. 원고들의 법률상 이익과 관계가 있다고 볼 수 없는, 앞서 본 무효 사유와 별로 다르지 않은 사유를 취소신청거부처분의 취소 사유로 주장하고 있을 뿐이다. 심리와 판단의 대상은 모든 심급을 통하여 사정변경으로 인하여 여전히 사업요건이 충족된다고 볼 수 있는지 여부였고, 사정변경으로 인하여 원고들의 법률상 이익에 어떤 영향이 있는지는 주장조차 되지 않은 것으로 보인다. 결국, 민중소송을 허용한 결과가 되었다. 이는 앞서본 항고소송의 소송물에 관한 잘못된 이해에서 비롯된 측면도 있고, 나아가 행정개입청구권이 긍정될 수 있는 예외적 요건이 충족된 경우에만 법적 구제를 할 수 있다는 점을 분명하게 인식하지 못한 사정에서 비롯된 측면도 있다.

(4) 비례의 원칙이 행정개입청구권의 행사에도 적용되어야 하는가?

행정청에 대한 행정개입청구권의 행사가 허용되더라도, 행정청에 대하여 요구할 의무의 내용이 반드시 사업의 기초가 된 처분의 취소가 되어야 하는 것도 아니다. 공유수면매립법 제32조에 따라 행정청이 할 수 있는 필요한 처분은 면허 또는 인가 등의 취소, 그 변경, 매립공사의 시행구역 안에 있는 공작물 기타 물건의 개축·제거, 원상회복 또는 기타 필요한 처분이다. 예상하지 못한 사정변경이 있다고 하더라도 면허나 인가의 변경으로 그에 관한 대처로 충분하다면 면허나 인가의 취소를 할 필요가 없다. 공작물 기타 물건의 개축·제거, 원상회복 또는 기타 필요한 처분으로 원고들의 법률상 이익의 구제라는 목적을 달성할 수 있다면 그러한 처분으로 충분하고, 면허나 인가의 내용을 변경할 필요도 없다. 원고들의 침해된 법률상 이익을 구제할 수 있는 최소한의 처분을 선택하는 것이 요구된다. 비례의 원칙이 적용된다고 하겠다. 이렇게 해석할 때 사익 침해를 구제하기 위한 개별적 요구와 계획처분을 유지하여야 할 공공의 이익에서 비롯되는 요구를 조화롭게 실현할 수 있다. 최근에 제정되어 시행된 행정기본법 제10조는 행정작용은 행정 목적을 달성하는데 유효하고 적절할 것, 행정 목적을 달성하는데 필요한 최소한도에 그칠 것, 행정작용으로 인한 국민의 이익 침해가 그 행정작용이 의도하는 공익보다 크지 아니할 것이라는 원칙에 따라야 한다고 비례의 원칙을 규정하고 있다. 행정청이 공유수면매립법 제32조에 따라 필요한 처분을 할 때 마땅히 행정기본법 제10조가 규정한 비례의 원칙이 적용되어야 할 것이다. 그렇다면 같은 규정에 따라 행정청에 대하여 행정개입청구권을 행사하는 때에도 비례의 원칙이 적용되어야 하는 것은 당연하다.

그러므로 새만금 사건에서 처분 후에 생겨난 사정변경으로 인하여 원고들의 법률상 이익이 침해되는 사정이 발생하였으며, 그러한 법률상 이익의 침해를 구제하기 위하여 행정청이 공유수면매립법 제32조에 의한 필요한 처분을 할 의무를 부담하고 그 의무에 관한 재량이 영으로 수축되었다고 하더라도, 그들에게 생겨난 법률상 이익의 침해를 구제하는데 필요한 적정한 처분이 여러 수단 가운데 무엇인지를 검토하여야 한다. 곧바로 면허나 인가의 취소신청을 구하는 것이 올바르다고 할 수 없다. 설계를 일부 변경하거나 시설물 중 일부를 철거하는 것으로 침해받은 법률상 이익을 충분히 구제할 수 있음에도 면허나 인가의 취소신청을 구하는 것은, 비례의 원칙에 위반되어 허용된다고 볼 수 없다. 아울러 법률상 이익의 침해를 구제하는데 필요한 적정한 처분을 신중하게 선택하는 이러한 법적 구제 방식이 실효적인 법적 보호에도 긍정적인 작용을 할 수 있다는 측면을 주목하여야 한다. 설계를 일부 변경하거나 시설물 중 일부를 철거하는 것으로 침해받은 법률상 이익을 충분히 구제할 수 있음에도 이를 넘어 면허나 인가의 취소신청을 구하는 경우 그로 인하여 영향을 받는 이해관계인의 사익이나 공익을 고려할 때 그 취소신청을 받아들이는 것이 곤란하다면, 오히려 그러한 방식에 의한 법적 구제가 거부될 수 있기 때문이다.

　　대법원 1992. 4. 24. 선고 91누11131 판결이, "위법한 행정처분의 취소를 구하는 소는 위법한 처분에 의하여 발생한 위법상태를 배제하여 원상으로 회복시키고 그 처분으로 침해되거나 방해받은 권리와 이익을 보호 구제하고자 하는 소송이므로 비록 그 위법한 처분을 취소한다 하더라도 원상회복이 불가능한 경우에는 그 취소를 구할 이익이 없다고 할 것이다. 같은 취지에서, 원심이 소외인이 건축허가를 받은 이 사건 건물이 1990. 6. 8.경 착공되어 이 사건 소 제기 전인 같은 해 11. 25.경 완공된 사실을 확정하고 위 건축허가가 건축법 제41조, 같은법 시행령 제90조 제1호 소정의 이격거리를 두지 아니하고 건축물을 건축하도록 되어 있어 위법하다 하더라도 그 건축허가에 기하여 건축공사가 완료되었다면 그 건축허가를 받은 대지와 접한 대지의 소유자인 원고가 위 건축허가처분의 취소를 받아 이격거리를 확보할 단계는 지났고, 원고가 민사소송으로 위 소외인을 상대로 위 건축물 등의 철거를 구하는 데 있어서도 위 처분의 취소가 필요한 것이 아니므로 이 사건 처분의 취소를 구할 법률상의 이익이 없다고 판단하였는바, 원심의 판단은 정당하고 건축허가에 기한 건물이 완공된 이상 준공검사를 받지 아니하였다 하여 이와 달리 볼 수 없다."라고 판단한 취지를 상기할 필요가 있다. 법적 구제를 위하여 필요한 범위 내에서 구제수단의 행사가 정당화되는 것이라는 점을 지적하였다는 맥락에서 음미하여 볼 가치가 있다. 위법한 건축허가라고 하더라도 허가를 받은 건축주의 신뢰보호라는 측면에서 완공된 건축물에 관한 건축허가를 유지하여야 할 또 다른 사익 보호의 문제가 있다. 이격거리의 유지로부터 확보되는 이웃 주민의 이익을 지키기 위하여 건축공사가 완료된 건축물 전부를 철거하여야 할 결과를 야기할 수 있는 건축허가의 취소라는 극단적인 수단을 선택하는 것이, 쌍방의 이익과 공익의 형량이라는 관점에서 적절하지 않다는 판단을 한 것이라고 해석할 수 있다.

설사 계획처분을 취소할 수밖에 없는 상황에 이르렀다고 하더라도, 일반적인 행정처분에 있어서와 같이 당연히 취소의 결론을 내려야 하는지에 관하여도 심사숙고하지 않으면 안 된다. 사업구역 중 일부 구역이나 지역에만 국한되거나 특정인이나 특정 범위의 사람에게만 국한된 문제를 해결하기 위하여 전체 사업을 취소하는 것이 공공복리에 적합하지 않을 수 있다. 이러한 경우 행정소송법 제28조가 규정하는 사정판결이 적극적으로 고려되어야 한다. 즉, "원고의 청구가 이유 있다고 인정하는 경우에도 처분 등을 취소하는 것이 현저히 공공복리에 적합하지 아니하다고 인정하는 때에는 법원은 원고의 청구를 기각할 수 있다." 이때 법원은 피고인 행정청이 속하는 국가 또는 공공단체에 대하여 손해배상, 제해시설의 설치 그 밖에 적당한 구제방법을 명할 수 있다.

4. 나가면서

새만금 사업이나 4대강 사업에서 나타난 의견대립은 실제로 침해받거나 침해받을 가능성이 있는 개인의 법률상 이익을 구제하기 위한 다툼이 아니라, 근본적으로 관점의 차이에서 비롯된 사업의 합목적성을 둘러싼 다툼이다. 정책 판단에서 관계있는 사익과 공익의 다양한 이익 사이에서 이익형량이 제대로 이루어졌느냐의 문제이다. 이러한 정책 판단의 문제는 법원의 심판대상이 되더라도 합목적성의 영역인 당·부당의 문제를 넘어 위법성까지 인정받는 사례는 드물 것이다. 결국, 법원을 통한 문제 해결을 기대하기 어렵다는 특성을 가지므로, 계획의 입안 과정에서 국민의 이해관계와 의견이 충분히 수렴될 수 있도록 하는 것이 매우 중요하다. 이 점에서 현행 행정절차법에 해당 처분의 영향이 광범위하여 널리 의견을 수렴할 필요가 있다고 인정하는 경우 공청회를 개최하도록 하는 등의 절차가 규정되어 있기는 하나, 계획처분의 특수성을 반영한 더욱 상세한 행정절차를 규정하여 사전적

통제절차를 강화하는 것이 긴요하다. 그것이 민주주의 원리에 의
한 해결로 사안의 본질에 들어맞는다.

　한편, 환경보호의 문제에 관한 한, 중대한 공익이 걸려 있는
문제로서 사법적 통제의 범위 안에 두어야 하고 개인의 권리나
법률상 이익의 침해라는 틀 안에서의 법적 구제만으로는 문제를
해결하기 어렵다고 보는 것이 오늘날 보편적인 이해라고 할 수
있다. 그렇지만 그러한 목적을 달성하기 위하여 잘못된 항고소송
의 소송물에 관한 이해를 고수하는 것은 올바르다고 할 수 없다.
이미 살펴본 것처럼 사법적 통제가 적절하다고 볼 수 없는 사항
에 대하여 민중소송의 길을 광범위하게 열어놓는 역할을 하기 때
문이다. 그러므로 다른 나라들이 선택하고 있는 것처럼 개인의
권리나 법률상 이익의 침해와 관계없이 환경보호에 이바지할 수
있는 공익소송의 방식을 입법을 통하여 신중하면서도 정교하게
구체화할 필요성을 지적하지 않을 수 없다.

제 9 장 대법원과 헌법재판

1. 개인의 자유와 사회적 정의

(1) 자유국가의 이념은 자유권적 기본권의 목록 속에 표현되어 있고, 사회국가의 이념은 사회적 기본권의 목록 속에 표현되어 있다. 자유국가의 이념을 절대화하여 자유권적 기본권에 대한 어떠한 제한도 배척한다면 사회적 기본권이 실현될 토대는 존재할 수 없다. 그 결과는 사회적 약자에 대한 배려는 없고 강자의 자유만이 존재하는 사회가 될 것이다. 사회국가의 이념을 절대화하여 자유권적 기본권에 대한 어떠한 제한도 수용한다면 자유권적 기본권은 형해화되고 어떠한 자유도 존재하지 않게 될 것이다. 그 결과는 전체주의국가의 도래가 될 것이다. 마땅히 극단적인 자유국가의 이념과 극단적인 사회국가의 이념 사이에서 합당한 조화점을 찾아야 한다는 결론에 도달하게 된다. 자유국가의 본질적인 부분은 훼손하지 않으면서 사회국가의 이념을 조화시키는 길을 찾아야 한다.

대한민국 헌법 제37조 제2항은 그 조화의 길을 제시하고 있다. "국민의 모든 자유와 권리는 국가안전보장, 질서유지 또는 공공복리를 위하여 필요한 경우에 한하여 법률로써 제한할 수 있으며, 제한하는 경우에도 자유와 권리의 본질적인 내용을 침해할 수 없다."라고 규정하고 있다. 자유와 권리의 제한은 법률로써 하여야 한다고 함으로써 국민의 대표자로 구성된 의회만이 국민의 자유와 권리를 제한할 수 있다는 권한상 한계를 분명히 하는 한편, 국민의 자유와 권리를 제한하는 경우에도 자유와 권리의 본질적인 내용을 침해할 수 없다는 내용상 한계를 분명하게 제시하고 있다. 나아가 이러한 한계 내에서의 제한에 해당하여 입법형성권의 범위 안에 들어오더라도, 자유권을 제한하는 법률이 정당한 목적을 추구하는지, 입법자가 선택한 수단이 입법 목적을 달성하는 데에 적합한지, 그리고 가능한 수단 중에 개인의 자유를 가장 적게 제한하는 수단인지, 입법 목적을 달성하는 데에 적합하고 개인의 자유를 가장 적게 제한하는 수단이라고 하더라도 그 수단이 초래하는 자유권 제한의 정도가 입법 목적의 중요성과 적정한 비례관계에 있는지가 문제 되고, 그 모든 요건이 긍정될 때 사회적 정의를 실현하기 위한 자유권의 제한은 정당화될 수 있다. 만약 이처럼 자유권 제한의 한계를 신중하게 설정하고 있지 않다면 자유권의 목록을 아무리 길게 규정하고 있다고 하더라도 자유권 보장의 의미는 공허해진다. 그러므로 헌법 제37조는 대한민국이 자유국가에서 이탈하여 전체주의국가로 추락하는 것을 막아주는 자유의 방파제라고 할 수 있다.

(2) 일반적으로 말하여, 민법이 개인의 자유를 기초로 한 체계이고 사회적 정의를 실현하기 위하여 예외적으로 자유에 대한 개입을 허용하는 성격을 갖는다면, 행정작용을 규율하는 수많은

법률을 포괄하는 행정법은 사회적 정의를 실현하기 위한 수단과 방법을 내용으로 하는 체계이고 많은 경우 개인의 자유를 제한하는 성격을 갖는다고 할 수 있다. 개인의 자유를 기초로 한 민법의 체계로는 사회적 약자를 보호하는 데에 부족하다고 보아 개인 간 자유의 공간에 후견적인 개입을 함으로써 그 목적을 실현하고자 하는 다수의 민사특별법도 제정되어 있다. 형법은 범죄가 되는 행위와 처벌의 한계를 구성요건으로 규정해놓음으로써 법익 보호를 실현하고자 하는 사회적 정의의 목록인 동시에, 사전에 범죄로 규정되지 않은 행위가 처벌되지 않도록 함으로써 개인의 자유를 지켜주는 마그나카르타이다. 결국, 헌법을 최고규범으로 하는 법질서는 개인의 자유를 토대로 사회적 정의를 조화롭게 실현하고자 하는 규범 체계라고 할 수 있다.

그러므로 이러한 법률에 관하여 최종적인 해석권을 행사하는 대법원은 단순히 개별 법률 규정을 해석하는 차원에 머무를 수 없다. 개별 법률 규정이 사회적 정의를 실현하는 데에 이바지하는 것이더라도, 그 법률 규정으로 인하여 개인의 자유나 권리가 헌법이 규정한 한계를 벗어나 침해되지는 않는지, 위헌적인 침해의 가능성이 있다면 이를 제거할 수 있는 해석의 길이 있는지 면밀하게 살펴보아야 한다. 개별 법률 규정에 관한 해석은 빈번하게 헌법 해석을 수반하고 요구하는 것이다. 대법원이 법률 해석의 권한을 행사할 때 개별 법률만이 아니라 헌법의 토대 위에서 신중하게 살펴보아야만 최고법원으로서의 헌법적 역할을 다하는 것이 될 것이다. 소수자 보호라는 책무 또한 그 과정에서 성취될 것이다.

2. 법률의 합헌적(헌법합치적) 해석의 의미

사회적 기본권을 구체화하거나 사회적 정의를 실현하는 수단과 방법에 관하여는 입법자에게 광범위한 형성권이 부여되어 있다. 상황과 여건이 고려될 수밖에 없기 때문이다. 그러한 형성권을 행사하는 입법자는 관념적으로는 주권자인 국민이지만, 현실적으로는 국민으로부터 권한을 위임받은 의회이다. 주권자인 국민은 단일한 의사를 가진 국민으로 이루어진 것이 아니라, 다양한 의사를 가진 매우 많은 국민으로 이루어졌다. 그리고 그들의 의사도 고정된 것이 아니라, 시간이 지남에 따라 변동될 수 있는 것이다. 이러한 다양하고 역동적인 의사를 결집하는 수단이 오늘날 정당을 매개로 한 의회민주주의이다. 그러므로 의회가 제정한 법률은 민주주의 원리에 따라 소수세력의 견제 위에서 다수세력이 선택한 사회적 정의에 관한 내용이다. 법률은 여러 가지 가능한 정의의 내용 가운데 선택된 하나의 내용이라고 할 수 있다. 그와 다른 정의의 내용을 주장하는 자로부터 법률의 정당성에 관하여 도전이 제기될 수 있는 이유이다.

법률의 정당성에 관하여 도전이 제기되는 경우 그 법률의 정당성을 판단하는 기준은 법률보다 우월한 효력이 있는 최고규범인 헌법이 될 수밖에 없다. 그렇지만 최고규범인 헌법이 존재한다고 하여 위헌법률심사권이 반드시 인정되는 것은 아니다. 예컨대, 스위스는 헌법이 존재하지만, 민주주의 원리가 법치주의 원리보다 우위에 있다고 보아 법률의 위헌 여부에 관한 사법심사를 인정하지 않는다. 그러면서도 법률의 합헌적 해석은 입법자 존중의 원칙을 훼손하지 않는다는 이유에서 합헌적 법률 해석 권한을 적극적으로 행사하는 방식으로 헌법재판을 활발히 하고 있다. 이와 달리 법률의 위헌 여부에 관한 사법심사를 헌법이 인정하고 있거나 사법 자체의 판단으로 창설한 나라에서도 입법자 존중의 원칙을 유지하고 있다. 법률에 관한 사법심사가 한계를 넘어 행사되면 법치주의가 민주주의를 갈음하게 되고 민주주의와 공존할 수 없기 때문이다. 여기서 생겨난 것이 법률의 합헌적 해석 이론이다. 법률 규정에 관한 해석이 헌법에 합치하는 해석과 합치하지 않는 해석이 모두 가능하다면, 헌법에 합치하지 않는 해석을 선택하여 법률 규정을 위헌으로 선언함으로써 법률 규정의 효력을 부정하는 길을 피하고, 헌법에 합치하는 해석을 선택하여 법률 규정의 효력을 유지하는 길을 선택하여야 한다는 것이다. 법률은 주권자인 국민의 의사가 반영된 것으로서 최대한 존중되어야 하기 때문이다. 입법자가 세상에서 생겨날 수 있는 복잡하고도 다양한 현상들을 모두 포착하여 완전무결한 법률 규정을 입법한다는 것은 쉬운 일이 아니다. 불가피하게 발생하는 법률 규정의 흠결을 헌법 규범에 비추어 다듬고 보충함으로써 그 법률 규정의 효력을 유지하는 법치주의의 작용은 민주주의 원리에 따른 결단을 변질시키는 것이 아닌 이상 민주주의를 보완하고 강화하는 것이라 할 수 있다. 이는 정의의 공백을 방지하고 법적 안정성을 가져온다는 점에서도 긍정되어야 한다.

헌법에 합치하는 해석을 통하여 법률 규정의 효력을 유지하는 수단으로는 위헌적 해석의 가능성을 배척하고 합헌적 해석의 가능성을 선택하여야 한다는 원칙적 방법 이외에, 해당 법률 규

정의 축소해석, 확장해석, 유추해석이나 다른 법률 규정의 유추
적용 등을 통하여 법률의 흠결을 보충하는 방법이 사용될 수 있
다. 그러나 법률 규정의 문언이 갖는 의미를 명백히 이탈하거나
입법의 목적을 변질시키는 해석은 법률의 합헌적 해석으로 허용
될 수 없다는 한계가 있다. 법률 규정의 축소해석, 확장해석, 유
추해석이나 다른 법률 규정의 유추 적용이 합헌적 법률 해석의
수단으로 사용될 수 있음에 비추어 보면, 입법자가 그러한 수단
에 따른 해석의 결과를 용인하였다고 볼 수 없을 때, 법률 규정의
문언이 갖는 의미를 명백히 이탈한 것이라고 보아야 할 것이다.
이러한 한계를 벗어나서 법률 해석을 하게 되면 입법자의 입법형
성권을 침해하기 때문이다. 법치주의가 민주주의를 보완하거나
강화하는 것을 넘어 궁극적으로 민주주의를 압도하는 결과를 가
져오는 것은 허용될 수 없다고 보아야 한다. 법률 규정에 관한 위
헌 선언도 주권자의 근본적 결단인 헌법을 지켜냄으로써 민주주
의를 보완하고 강화하기 위한 법치주의의 작용일 뿐이다.

3. 헌법재판 기관으로서의 대법원

　　명령·규칙 또는 처분이 헌법에 위반되는 여부가 재판의 전
제가 된 경우에는 대법원이 이를 최종적으로 심사할 권한을 가진
다(헌법 제107조 제2항). 명령·규칙 또는 처분이 헌법에 위반되는
여부가 다투어질 수 있는 상황이 법률이 헌법에 위반되는 여부가
다투어질 수 있는 상황보다 적다고 단정할 수 없을 것이다. 이 점
에서 현실적으로 어떻게 작동되고 있느냐와는 별개로 대법원은

넓은 범위에서 헌법재판권을 갖는다고 할 수 있다. 그런데도 헌법재판권은 헌법재판소에 전속한다는 오해가 법률가들의 무의식을 지배하고 있을지도 모른다. 그리하여 대법원은 헌법재판권을 제외한 민사재판권, 형사재판권, 행정재판권 등만을 행사하는 기관이라고 이해하고, 대법원에서 이루어지는 헌법재판에 그다지 관심을 기울이지 않는 것 같다. 이 점에 관한 올바른 깨달음이 긴요하다고 여겨진다. 위헌법률심사권이 대법원에는 없고 헌법재판소에 있다는 점이 이러한 상황에 영향을 미쳤을 것이다.

그러나 대법원은 '법률의 위헌 여부 심판'에 관한 권한은 없지만, 법률 규정에 관한 최종적인 합헌적 해석기관이라는 점을 주목하여야 한다. 우리 헌법재판 제도에 많은 영향을 미치고 있는 독일 연방헌법재판소의 경우 법률의 위헌 선언이라는 권한 행사를 통하여 헌법적 가치를 실현하는 부분은 매우 적다고 말하여진다. 헌법적 가치의 실현은 압도적으로 법률의 합헌적 해석이라는 권한 행사를 통하여 이루어진다. 이러한 현상은 미국 연방대법원에서도 크게 다르지 않은 것 같다.

대법원이 내린 법률 규정에 관한 합헌적 해석이 법률 해석의 하나임을 부정할 수 없다. 그러한 대법원의 합헌적 법률 해석이 당연히 선례로서 규범력을 갖고 법으로 기능하고 작용한다는 더욱 중요한 실질적인 측면을 인식하여야 한다. 상고심절차에 관한 특례법 제4조 제1항 제3호가 '원심판결이 법률에 대하여 대법원 판례와 상반되게 해석한 경우'를 심리불속행 사유에서 제외하고 있는 것이 이 점을 확인하고 있는 것이라 할 수 있다. 그러므로 대법원은 구속력이 있는 최종적인 합헌적 법률해석기관이라고 할 수 있다. 한정위헌이나 한정합헌 결정의 필요성을 옹호하는 근거로서 어떤 법률 규정에 관한 합헌적 해석의 결과로 내려진 헌법재판소의 한정위헌이나 한정합헌 결정은 일반적 효력을 가질 수 있지만 대법원 판결에서 내려진 법적 판단은 이와 달리 당해 사건에 관하여 기속력이 있을 뿐이라는 점을 내세우는 견해는 이러한 실질적 측면을 외면하는 형식논리에 치우친 견해라고 할 수 있다.

4. 대법원과 헌법재판소의 관계

헌법재판소가 법률의 위헌 여부를 심판하는 과정에서도 법률 규정의 위헌 선언을 피하고 위헌성을 제거하기 위한 합헌적 해석이 요구됨은 당연하다. 법률 규정에 관한 합헌적 해석이 가능한 경우 헌법재판소는 주문에서 합헌 결정을 선언하고 구체적인 합헌적 해석의 내용은 이유에 기재하면 충분하다. 그런데도 한정위헌이나 한정합헌의 주문을 내는 것은 헌법재판소의 합헌적 해석의 내용에 "법률의 위헌 결정은 법원과 그 밖의 국가기관 및 지방자치단체를 기속한다."라는 헌법재판소법 제47조 제1항이 규정한 법적 효력을 부여하고자 하는 데에 그 이유가 있을 것이다. 그러나 대법원은 확립된 판례를 통하여 한정위헌이나 한정합헌 결정에 관하여 헌법재판소법 제47조 제1항이 규정한 법원에 대한 기속력을 부정하고 있다. 대법원과 헌법재판소가 예민하게 대립하고 있는 부분이다. 하지만 굳이 한정위헌이나 한정합헌 결정을 주문에서 선언하여야 할 실익이 있는지 의심스럽다.

하급심 법원에서 재판이 진행되다가 법률 규정에 관한 위헌 제청이 있었으나 헌법재판소가 심리한 결과 합헌적 해석이 가능함을 이유로 합헌 결정을 하였다면 헌법재판소의 견해를 수용한 전제 아래서 재판을 하는 경우가 대부분일 것이다. 그러나 드물게는 헌법재판소의 견해와 다른 합헌적 해석의 가능성을 고려할 수도 있고 헌법재판소의 견해에 배치되는 법률 해석을 할 수도 있을 것이다. 이 경우 그러한 법률 해석을 다투는 위헌법률심판 제청이나 헌법소원은 허용될 수 없다. 이는 법원의 법률 해석을 다투는 재판소원을 허용하는 결과가 되기 때문이다. 아울러 그러한 하급심의 법률 해석이 타당한 법률 해석인지에 관하여는 대법원이 최종적으로 판단할 권한을 갖기 때문이다.

대법원은 한정위헌이나 한정합헌 결정이 아니더라도 헌법재판소의 결정 이유에 제시된 법률 해석이 합리적이라고 수긍하는 때에는 그러한 해석을 수용하는 데에 인색하지 않다. 반면에, 한정위헌이나 한정합헌 결정을 하더라도 헌법재판소의 법률 해석을 수긍할 수 없는 때에는 수용하지 않는다. 이 점에서 한정위헌이나 한정합헌 결정이라는 방식을 선택하는 실익이 있다고는 여겨지지 않는다. 이처럼 헌법재판소의 법률 해석이 법원을 기속하는 것은 아니지만, 법원이 헌법재판소의 법률 해석을 존중하면서 음미하는 것은 많은 경우 유익하였을 것이다. 헌법재판소도 법률 규정에 관한 합헌적 해석을 제시하였다고 하더라도, 대법원의 최종적인 법률 해석이 나오면 다시 한번 음미하여 볼 필요가 있을 것이다. 이러한 방식이 최종적인 법률해석권을 갖는 대법원과 법률 규정의 위헌 여부를 판단하기 위해 법률 해석을 해야 하는 헌법재판소 사이의 신중하고도 조화로운 소통 방식이 될 것이다. 그러한 과정을 거친 다음에도 대법원의 최종적인 법률 해석에 따르는 한 법률 규정의 위헌성이 제거될 수 없다고 판단하는 경우라면 헌법재판소는 그 법률 규정을 위헌이나 헌법에 합치하지 않는 것이라 선언하면 될 것이다. 이와 같은 방식에 따른다면 대법원이 한정위헌이나 한정합헌 결정을 수용하지 않음으로써 생겨나는 모호한 상황이 방지될 것이다. 불협화음을 조성할 뿐 실익이 없는 제도운영은 회피하는 것이 바람직스럽다고 여겨진다. 한정위헌이나 한정합헌 결정은 최종적인 법률해석권을 갖는 대법원에 대하여 헌법재판소가 일방적으로 자신의 법률 해석을 강요한다는 점에서 대법원이 받아들이기 어려웠고, 장래에도 그럴 것이다. 대한민국 헌법은 헌법에 관한 최종적인 해석 권한을 포괄적으로 헌법재판소에 독점시키고 있지 않다. 그런데도 위헌법률심사 과정에서 헌법 해석을 전제로 이루어지는 법률 해석이라는 점을 근거로 하여, 다른 경우와 달리 대법원의 최종적인 법률해석권을 침해하는 것이 가능하다고 할 수는 없을 것이다. 그러한 예외를 허용하는 순간 대법원의 최종적인 법률해석권은 의미를 잃을 것이기 때문이다. 원칙과 예외를 나누는 분명한 경계가 없는 탓이다. 법률 해석의 과제는 언제든지 헌법 해석의 과제로 치환될 수 있는 것이다.

독일과 같이 연방헌법재판소가 다른 연방법원이나 각 주의 법원과 함께 사법권을 구성하고 아울러 재판소원을 인정하는 것으로 헌법(기본법)이 규정하고 있다면, 법률의 위헌 여부에 관한 심판권만이 아니라 법률의 합헌적 해석에 관한 최종적인 권한이 헌법재판소에 있다고 이해하는 것이 논리적일 것이다. 연방헌법재판소에 접수되는 사건 중 약 97%가 헌법소원 사건이고, 헌법소원 사건 중 약 95%가 재판소원이다. 이는 사실상 연방헌법재판소가 헌법 해석을 매개로 일반 법원을 통제하는 기관이라는 점을 의미한다. 그러나 사법권은 법관으로 구성된 법원에 속하고 최고법원은 대법원이라고 규정함으로써 최종적인 법률해석권을 대법원에 부여하고, 헌법재판소를 조직상은 물론 기능상으로도 사법권의 구성 부분으로서가 아니라 사법권으로부터 분리된 헌법기관으로 위치시키면서 법률의 위헌 여부에 관한 심판권을 규정한 우리 헌법 아래에서 마찬가지 설명을 하는 것은 논리적이라고 할 수 없다. 우리 헌법제정권자가 독일과 마찬가지로 헌법재판소가 헌법 해석을 매개로 일반 법원을 통제하는 기관이 되기를 의도하였다고는 해석되지 않기 때문이다. 연방헌법재판소가 일반 법원과 함께 사법권을 구성하고 재판소원을 인정하는 독일에서도 1969. 11. 13. 연방헌법재판소 전원합의체 판결로 태도 변경을 하기까지는 결정 이유에 합헌적 해석의 내용을 기재하고 주문에서는 헌법에 합치한다는 취지만 표시하였음을 참고할 만하다. 더욱 중요한 것은, 헌법재판 제도를 어떤 범위에서 어떤 형태로 인정할 것인지는 각 나라의 헌정사에 따른 경험과 결단의 산물이지, 어떤 이념상에 들어맞아야 하는 논리적인 산물이 아니라는 점이다. 이 점은 주요 민주국가에서 실현되고 있는 헌법재판 제도의 모습을 보면 쉽사리 알 수 있다.

판례색인

[헌법재판소]

[독일판례]

저자 약력

1956년 충남 보령에서 태어났다.

고려대학교 법과대학과 대학원에서 법학을 공부하였다.

1986년 전주지방법원 판사로 임명된 이래, 각급 법원의 판사로 일하였다.

2012년 법원도서관장으로 재직하던 중 대법관으로 임명되었고, 2018년 퇴임하였다.

퇴임 후, 고려대학교 법학전문대학원에서 석좌교수로 일하고 있다.

판례의 논리

초판발행	2021년 8월 15일
지은이	김창석
펴낸이	안종만 · 안상준
편 집	이승현
기획/마케팅	이영조
표지디자인	이미연
제 작	고철민 · 조영환
펴낸곳	(주) **박영사**
	서울특별시 금천구 가산디지털2로 53, 210호(가산동, 한라시그마밸리)
	등록 1959. 3. 11. 제300-1959-1호(倫)
전 화	02)733-6771
f a x	02)736-4818
e-mail	pys@pybook.co.kr
homepage	www.pybook.co.kr
ISBN	979-11-303-3978-8 93360

정 가   20,000원